AI 시대와 인간, 기술, 자연

AI문고

인공지능 시대입니다. 기계가 인간의 인지를 대신하고, 사물이 인간을 통하지 않고 다른 사물과 직접 커뮤니케이션합니다. 이에 따른 인간 삶과 문명 변화를 정확히 이해·예측·대응하는 것은 이 시대 우리 모두의 과제입니다. AI문고는 인공지능 기술과 환경의 여러 주제를 10가지 키워드로 정리합니다. 관련 개념과 이론, 학계와 산업계의 쟁점, 우리 일상의 변화를 다룹니다. 인간과 기술의 현재, 미래를 세심히 분석합니다.

일러두기

- 인명, 작품명, 저서명, 개념어 등은 한글과 함께 괄호 안에 해당 국가의 원어를 병기했습니다.
- 외래어 표기는 현행 어문규정의 외래어표기법을 따랐습니다.

처음이세요?

전문가세요?

AI 시대와 인간, 기술, 자연

박계연

대한민국, 서울, 커뮤니케이션북스, 2026

AI 시대와 인간, 기술, 자연

지은이 박계연
펴낸이 박영률

초판 1쇄 펴낸날 2026년 1월 5일

커뮤니케이션북스(주)
출판 등록 2007년 8월 17일 제313-2007-000166호
02880 서울시 성북구 성북로 5-11
전화(02) 7474 001, 팩스(02) 736 5047
commbooks@commbooks.com
www.commbooks.com

ISBN 979-11-430-1526-6 03500

책값은 뒤표지에 표시되어 있습니다.

차례

AI 시대, 왜 자연을 다시 상상해야 하는가?

AI 환상 뒤에 숨겨진 현실

ChatGPT에 질문을 던지면 몇 초 만에 신통한 답이 돌아온다. 이 놀라운 편리함 뒤에는 거대한 물질적 연결망이 숨어 있다. 케이트 크로포드(Kate Crawford)는 《AI 지도책(Atlas of AI)》(2021/2022)에서 AI는 '인공'도 아니고 '지능'도 아니라고 단언한다. AI는 구름(클라우드) 속에 떠 있는 추상적 지능이 아니라, 광물을 캐고 에너지를 소비하며 생태계를 변형시키는 물질적 산업이다.

예컨대 '회색금'이라 불리는 리튬의 추출에는 엄청난 양의 지하수와 각종 화학 물질이 사용되어 지역을 사막화시키고 오염시킨다. 전자기기를 더 작고 가볍게 만드는데 필수적인 17개의 광물을 통칭하는 희토류 채굴 과정에서는 채굴물의 99.8%가 광미(폐기물)로 버려지는데, 내몽골 바오터우에는 1억 8000만 톤 이상의 부산물이 쌓이면서 죽음의 검은 호수가 형성되었다(Crawford, 2021/2022). 자연어 처리 모형(NLP) 하나를 훈련할 때 배출되는 이산화탄소는 휘발유 자동차 5대를 수명이 다할 때까지 운행하는 것 또는 뉴욕과 베이징 사이를 비행기로 125차례 왕복하는 것과 맞먹는다는 추정도 있다(Crawford, 2021/2022). 여기에 물 사용 문제까지 더해진다. 수천, 수만 대의 서버가 24시간 풀가동하며 데이터를 저장하고 처리하는 데이터센터의 열을 식히려면 엄청난 양의 물이 필요하다. 미국 NSA 데이터센터는 냉각을 위해 하루 약 640만 리터의 물을 사용할 것으로 추정되지만, NSA는 실제 사용량을 국가 안보 문제를 이유로 공개하지 않으려 한 바 있다(Crawford, 2021/2022).

결국 우리가 ChatGPT 같은 대화형 AI로 빠른 답변을 얻고, AI 번역으로 언어 장벽을 넘나들며 개인화된 추천 서비스를 즐기는 동안, 지구는 이에 상응하는 환경적 비용을 치르고 있다. 하지만 기업들은 이 현실을 철저히 은폐한다.

근대적 사고와 자연의 도구화

우리는 AI에 대해 다음과 같은 질문을 주로 던진다. AI가 정말 인간처럼 생각하는가? 그 지적 능력의 수준은 고등학생, 아니면 박사 정도인가? AI가 대체해 사라질 미래 직업은 무엇인가? AI는 언제쯤 인간의 능력을 뛰어넘게 될 것인가? 등이다.

이런 궁금증은 인간처럼 다방면에 걸쳐 유연한 사고와 추론이 가능한 AGI(Artificial general intelligence, 인공 일반 지능)에 대한 엇갈린 전망으로 이어진다. OpenAI의 샘 올트먼은 "2025년에 AGI가 달성될 수 있다"고 주장하는가 하면, 일론 머스크는 "2025년 또는 2026년", 구글 딥마인드의 데미스 허사비스는 이보다 늦은 "5~10년 후"라고 예측한다. 반면 메타 AI의 얀 르쿤이나 AI 연구자인 게리 마커스 같은 전문가들은 현재 기술의 한계를 지적하며 회의적 입장을 보인다.

그런데 이러한 논쟁들을 자세히 들여다보면, 한 가지 공통된 전제를 발견할 수 있다. AGI 도래 시기를 둘러싼 기술적 전망이든, 인간의 역할 변화에 대한 사회적 고민이든, 모든 논의가 결국 인간과 기술이라는 두 축을 중심으로 전개된다는 점이다. 그렇다면 이 논의에서 빠져있는 것은 무엇일까? 바로 AI 기술을 뒷받침하는 자연이다.

이는 어쩌면 당연한 일인지도 모른다. 근대를 거치며 인간/자연, 주체/객체, 문명/야생, 지배/피지배라는 이분법적 사고 속에서 인간은 자연을 지배와 통제의 대상으로 여겨왔다. 그리고 기술은 인간이 자연을 효율적으로 착취하는 도구가 되어 왔다. AI 산업 역시 이 논리를 충실히 따르고 있는 것이다.

지금까지의 AI 논의는 대체로 '인간 대 AI'의 접근이 우세했다. 하지만 이 책은 기존 담론의 프레임을 '인간-AI-자연'의 삼각관계로 확장한다. 크로포드가 AI의 물질적 토대를 드러냈다면, 이 책은 물질성의 관점에서 인간-기술-자연이 맺을 수 있는 다른 배치의 가능성을 탐구하고자 한다. AI가 작동하기 위해서는 자연의 추출과 착취가 불가피하지만, 그 쓰임이 오히려 자연의 존재와 신호를 드러내고 감각하게 하는 방식으로도 작동할 수 있다는 점에 주목하는 것이다.

기술의 이중성과 새로운 상상력

인류의 역사를 돌아보면 모든 기술은 언제나 양날의 검과 같았다. 불은 화식(火食)과 금속 제련을 가능하게 해 문명을 이끌었지만 전쟁과 파괴의 도구가 되었고, 증기기관은 생산성을 높였지만 탄소 배출을 폭증시켜 기후 온난화를 가속했다. 오늘날의 디지털 기술도 마찬가지다. 스마트폰은 연결성과 생산성을 비약적으로 높였지만 제조, 유통, 폐기 과정에서 자원을 추출하고 전자 폐기물을 발생시킨다. 2~3년마다 더 나은 성능의 기기로 업그레이드하는 것이 일상인 우리는 리튬과 희토류가 형성되기까지 수백만 년이 걸린다는 사실을 망각한 채,

잦은 스마트폰 교체로 지구의 시간을 갉아먹고 있다. 하지만 이러한 환경적 실상을 알고 있는 사람조차 당장 기술 사용을 중단하기는 어렵다. AI와 디지털 기술은 이미 우리 삶 깊숙이 스며들어 자리 잡았기 때문이다.

결국 핵심은 기술을 쓰느냐 마느냐가 아니라, 어떻게 쓸 것인가에 있다. 생태 파괴가 가속화되면서 기상 이변을 온몸으로 실감하고 있는 지금, 우리의 과제는 분명하다. 현재, 기업 이익을 중심으로 이루어지고 있는 AI 개발과 사용의 방향을 전환하는 것이다. 그동안 기업의 관점은 물질적 토대와 생태적 비용, 곧 자연을 배경으로 밀어내 왔다. 이제 AI 기술에 내재된 이러한 추출적이고 소모적인 속성을 생태적이고 협력적인 방향으로 바꿔볼 수 있다.

이러한 전환의 출발점은 상상력이다. 인간과 기술, 그리고 자연이 서로를 소모, 착취하는 관계가 아니라 새로운 가치를 공동 생성하는 관계로 나아갈 수 있도록 구체적인 경로를 상상하고 설계하는 것, 이것이 바로 지금 우리에게 주어진 과제다.

감각의 상실과 새로운 매개의 가능성

그렇다면 우리는 무엇을 잃어버렸는지 먼저 돌아볼 필

요가 있다. 언제부터 우리는 하늘을 보는 대신 일기 예보 앱을 확인하게 되었을까? 구름의 모양으로 비를 예측하고, 바람의 냄새로 계절의 변화를 감지하던 인간의 감각적 능력은 어느새 무뎌져 버렸다. 근대 이후 기술을 통해 우리는 점점 더 자연의 리듬에서 분리되었고, 자연에 대한 인간의 직접적 감각은 데이터 기반의 예측 시스템에 의존하는 식으로 재편되었다. 기술은 편리함과 생산성의 향상을 가져다주었지만, 동시에 인간과 자연 사이에 보이지 않는 장벽을 세웠다.

그러나 역설적이게도, 오늘날 가장 첨단의 기술로 여겨지는 인공지능은 우리가 잃어버린 자연에 대한 감각적 연결을 다른 방식으로 복원할 수 있다. 센서, 위성 등으로 수집된 방대한 데이터를 학습한 AI는 인간이 지각하기 어려운 미세한 변화나 거대한 스케일의 변화를 포착해 패턴을 발견하고, 특정 상황에 대한 해석과 예측을 산출한다. 이는 인간이 잃어버린 자연에 대한 감각을 대체하는 것이 아니라 보강하고 확장한다는 뜻이다. 그렇다면, AI는 고유한 분석, 예측 능력을 통해 인간과 자연 사이의 새로운 연결 가능성을 열어줄 수 있지 않을까?

예술적 사례들

기후 변화와 AI 기술의 발전이라는 두 거대한 변화가 맞물린 지금, 이에 동시에 응답하며 인간-기술-자연의 협력적 관계를 탐색하는 흥미로운 예술적 시도들이 이루어지고 있다.

그 대표적 사례가 세계 최초 AI 아트 뮤지엄인 레픽 아나돌(Refik Anadol)의 〈데이터랜드(Dataland)〉다. 이 프로젝트에서는 대형 자연 모델(Large Nature Model)이라는 오픈소스 AI 모델이 LiDAR, 포토그래메트리, 앰비소닉 오디오 등을 통해 수집된 전 세계 16개 열대 우림의 자연 데이터를 학습하여 실시간 날씨, 온도, 습도 변화를 반영한 데이터로서의 열대 우림을 시뮬레이션하고 12가지 특별 조향된 향수로 숲의 생명력을 다감각적으로 제공한다(Schrader, 2024; Jebb, 2024).

하지만 이 책은 관람자가 직접 자연과의 물질적 얽힘을 경험할 수 있는 작품들에 주목한다. 특히 다음 기준에 부합하는 사례를 선별했다. ▲인간-기술-자연이 상호 의존적으로 작동하며 물질적으로 얽히는 방식이 드러날 것, ▲관람자가 이러한 상호 얽힘을 직접 체험할 수 있을 것, ▲과학, 공학, 디자인, 예술이 상호 순환하는 융합적 창작 실험일 것 등이다.

이 책에서 다뤄질 세 작품은 아래와 같은 질문을 던진다.

〈헤일로〉

해바라기처럼 온종일 태양을 따라 움직이는 거울 구조체가 공중에 거대한 고리 모양의 빛그림을 그린다. 눈에 보이지도, 손에 닿지도 않는 태양을 포착하여 땅으로 끌어내리는 이 작품에서 과연 창작의 주체는 누구인가?

〈폴리네이터 패스메이커〉

벌의 눈으로 보는 정원은 어떤 모습일까? 벌은 수천 개의 겹눈으로 해상도는 낮지만 빠른 움직임을 포착하고 자외선 영역까지 볼 수 있어 인간과는 다른 시각 경험을 한다. 인간에게는 보이지 않는 꽃잎의 패턴이 벌에게는 선명한 길잡이가 된다. 벌들에게 매력적인 정원이 과연 인간에게도 아름다울까?

〈실크 파빌리온 II〉

1만 7532마리의 누에와 인간이 진정한 협력자가 될 수 있을까? 7000년간 지속된 양잠업의 착취적 관계를 넘어, 누에의 감각으로 설계된 구조물은 어떤 모습일까?

이 작품들은 기술이 자연을 재현하거나 시뮬레이션하는 데 그치지 않고, 기술을 매개로 인간과 자연의 서로 다른 감각 세계가 만나고 연결되며, 협력하는 방식을 물질적으로 구현한다.

연결의 복원 : 관계적 존재 인식

상기한 세 가지 사례를 이해하려면, 인간이 위계의 정점에서 의미를 '부여'하고 기술은 도구로서 '보조'하며 자연은 수동적 '배경'으로 남는 전통적 구도에서 벗어나야 한다. 여기서 유용한 관점이 평평한 존재론(flat ontology)이다. 평평한 존재론에서는 다양한 존재들－인간, 동물, 식물, 기계, 인프라, 데이터, 제도 등－이 세계를 구성하는 데서 동등한 잠재력을 갖는다고 보고, 이들 모두를 한 수준에서 다룬다(Epstein, 2024). 이 관점에서는 어떤 존재도 다른 존재에 대한 우선성을 갖지 않고, 위계가 아닌 연결과 배치의 방식으로 세계를 이해한다(Miller, 2013). 즉, 무엇이 더 '본질적'인지를 묻기보다 어떻게 함께 존재하고 작동하는지를 추적한다. 이러한 평평한 존재론은 행위자 네트워크 이론(Actor-Network Theory), 아상블라주 이론(assemblage theory), 객체 지향 존재론(object-oriented ontology) 등 다양한 형태로 전개되어 왔다(Epstein, 2024).

이러한 관점의 전환을 바탕으로 이 책은 다음과 같은 질문으로 인간-기술-자연이 만나는 새로운 가능성을 탐구한다.

- 기술은 역사적으로 자연을 어떻게 다뤄왔으며, 이제 다른 관계가 가능한가?
- AI는 인간과 자연이 맺는 관계를 어떻게 재구성하는가?
- 예술은 인간, 기술, 자연이 새롭게 얽히는, '생태적 상상력'을 어떻게 실험하고 가시화하는가?
- 이러한 예술적 실험은 인간-기술-자연 관계망 속에서 인간의 책임과 역할을 어떻게 다시 생각하게 하는가?

책의 구성

이 책은 다음과 같이 크게 세 부분—단절에서 시작해 가능성을 탐색하고 관계를 재정의하는 여정—으로 구성된다.

1~3장에서는 인간과 자연의 관계가 어떻게 단절되어 왔는지를 역사적으로 추적한다. 1장은 전통 사회에서 인간이 몸의 감각을 통해 자연과 맺었던 연결을 살펴보고, 2장은 베이컨과 데카르트로부터 시작된 근대 과학기술이 어떻게 자연을 지배와 통제의 대상으로 전락시켰는

지를 분석한다. 3장은 인간의 감각을 확장시키면서도 동시에 자연과의 직접적 연결을 차단하는 기술의 이중적 영향을 다룬다.

4~7장에서는 AI 기술이 열어주는 새로운 가능성과 구체적 사례들을 탐색한다. 4장에서는 기존 기술과 달리 학습하고 적응하는 AI의 행위 능력이 어떻게 '인간-기술-자연'의 협력적 관계를 가능하게 하는지 분석한다.

5~7장에서는 이러한 가능성을 구체적 작품으로 확인한다. 〈헤일로〉를 통해 비가시적 자연과의 관계망 '발견', 〈폴리네이터 패스메이커〉를 통해 다른 종의 감각 세계에 대한 '번역', 〈실크 파빌리온 Ⅱ〉를 통해 인간과 비인간 존재 간의 '협력' 가능성을 각각 탐구한다. 발견-번역-협력이라는 세 가지 차원은 각각 독립적이면서도 인간-기술-자연이 맺을 수 있는 새로운 관계 방식들을 제시한다.

8~10장에서는 이러한 실험들이 가진 더 깊은 의미를 탐색한다. 8장은 앞서 살펴본 프로젝트들이 과학-공학-디자인-예술의 창조적 순환 구조를 통해 탄생했음을 보여 준다. 9장에서는 AI가 학습과 적응을 통해 의미 생성에 참여하지만, 이것이 인간-AI의 공동 작업으로 이루어지면서 책임과 윤리의 문제를 새롭게 제기한다는 점을 논한다. 마지막 10장은 이 모든 흐름 위에서, 인간의 자

리를 묻는다. 인간은 더 이상 중심적 지배자가 아닌 만큼, 관계 속에서 자신의 역할을 재정의해야 한다.

자연을 '다시 상상한다'는 것

이 책이 역사를 되짚고 사례를 분석하는 이유는 자연을 '다시 상상'하기 위해서다. 다소 추상적으로 들릴 수 있지만, 여기서 말하는 상상은 현실에서 도피하는 것이 아니라 인간, 기술, 자연이 상호 의존적으로 얽혀 있는 현실을 되짚어봄으로써, 그 관계를 생성적 방향으로 재구성하는 적극적인 실천을 뜻한다. 인간, 기술, 자연은 이미 얽혀 있다. 다만 그 얽힘이 지금처럼 착취와 파괴의 형태일 필요는 없다.

근대 이후 우리는 자연을 특정한 방식으로만 상상해왔다. 인간과 분리된 '야생(wilderness)', 정복해야 할 '자원', 보존해야 할 '순수한 원시'가 바로 그런 이미지들이다. 하지만 야생/문명, 순수/인공, 원시/현대 같은 이분법은 자연 그 자체의 속성이 아니라 문화적으로 구성된 틀이다(Cronon, 1995). 이 틀이 자연을 저 바깥의 대상으로 고정시켰고 환경 문제를 심화시켰다.

자연을 다시 상상한다는 것은 이 근대적 틀에서 벗어나는 것이다. 우리는 언제나 자연 세계의 일부였고, 생태계와 불가분하게 연결되어 있다. 기술 또한 중립적 도구가 아니라 이 관계망 속에서 함께 작동한다. 관건은 이 얽힘을 어떤 방향으로 이끌 것인가다. '다시 상상한다'는 것은 이 방향을 구체적으로 그려보는 것이다. 추출과 파괴에 갇힌 현재의 기술 산업을 넘어, 인간-기술-자연이 협력하는 다른 방식을 모색해 보는 것. 그것이 예술적 실험에 그치지 않고, 기술 설계와 정책, 제도의 변화로 이어진다면 더욱 의미 있을 것이다. 이 책이 그 출발점이 되기를 희망한다.

참고문헌

Crawford, K.(2021). *The Atlas of AI: Power, Politics, and the Planetary Costs of Artificial Intelligence*. 노승영 옮김(2022). 《AI 지도책》. 소소의책.

Cronon, W.(1995). The trouble with wilderness: Or, getting back to the wrong nature. In Cronon, W.(ed.). *Uncommon ground: Rethinking the human place in nature*, pp.69~90. W. W. Norton & Company.

Epstein, B.(2024). *Social Ontology*. The Stanford Encyclopedia of Philosophy(Fall 2024 Edition).

Jebb. L.(2024.9.24) Refik Anadol Studio reveals plans for world's first museum of AI arts. The Art Newspaper. https://www.theartnewspaper.com/2024/09/24/refik-anadol-studio-reveals-plans-for-worlds-first-museum-of-a

i-arts
Li, P. et al.(2023). Making AI Less 'Thirsty': Uncovering and Addressing the Secret Water Footprint of AI Models. *Communications of the ACM*, pre-print.
Ludvigsen, J.(2023). The carbon footprint of GPT-4. Medium.
Miller, A. S.(2013). A Flat Ontology. *Speculative Grace: Bruno Latour and Object-Oriented Theology, Perspectives in Continental Philosophy*, pp.27~29. Fordham University Press.
Oxman, N.(2016). Age of Entanglement. *Journal of Design and Science*. https://doi.org/10.21428/7e0583ad
Schrader, A.(2024.1.28). Refik Anadol launches the world's first open-source A.I. model dedicated to nature. Artnet.

01
몸으로 읽던 자연의 언어

전통 사회에서 인간은 몸의 감각으로 자연을 읽고 그 리듬에 자신을 맞추며 살았다. 문자와 기술은 이 직접적 관계를 끊었고, 현대인은 이제 기술로 매개된 세계에서 자연을 경험한다.

기후 위기와 인공지능?

별빛과 마주함

올해 여름, 글쓴이는 튀르키예 남부 달라만(Dalaman) 앞바다의 작은 배 위에서 도시의 조명이 전혀 닿지 않은 검푸른 밤하늘과 마주했다. 교과서 속 도판에서처럼 북두칠성과 오리온자리가 또렷이 빛났고, 은하수의 부드러운 감촉이 온몸으로 느껴졌다. 간혹 지나가는 유성이 순식간에 하늘을 가로지르는 동안에는 우주적 시간성을 상상할 수 있었다.

수많은 별들은 미세하게 떨리고 있었다. 대기의 굴절로 인한 물리적 현상이었겠지만, 글쓴이의 눈에는 그것이 살아 있는 존재의 미묘한 움직임처럼 느껴졌다. 우리가 어릴 적 자주 부르던 "반짝반짝 작은 별"이라는 동요 가사의 의미가 새삼 다르게 다가왔다.

전통 사회의 인간은 몸의 지각을 통해 자연과 깊이 연결되어 있었다. 인간의 몸은 세계와 만나는 접속점이고, 감각은 세계와의 교감을 가능케 하는 통로였다. 기계 문명 속 현대인은 이러한 몸으로 직접 느끼는 자연 리듬의 경험을 상실했다. 그러나 도시의 조명이 전혀 닿지 않은 어두운 바다 위에서 맨몸으로 하늘과 마주한 잠깐의 경험은 인간과 자연의 근원적 연결을 되살리는 순간이었다. 우리가 잃었던 이런 경험을 다시 찾을 수 있을까?

감각적 지식으로서의 자연 이해

불과 몇 세기 전까지만 해도 인간은 자연의 리듬에 몸을 맞추며 살았다. 천체 관측을 통해 방위와 계절을 파악했고, 바람결로 날씨를 예측했다. 이 모든 것은 우리의 몸으로 직접 느끼는 감각을 통해 이루어졌다.

농경 사회에서 24절기는 자연의 변화가 곧 인간 생활의 리듬이었음을 잘 보여 주는, 시간 인식의 결정체다. 예컨대, 곡식에 도움이 되는 비가 내리는 곡우(穀雨)가 되면 논농사를 준비하고, 작물이 조금씩 열매를 맺기 시작하는 소만(小滿)에는 본격적인 여름 준비를 시작하는 것이다. 약 15일 간격으로 이어지는 이런 절기들은 자연의 변화와 인간의 생활이 하나의 리듬으로 맞물려 돌아감을 보여 준다. 전근대 사회에서 자연은 오늘날처럼 인간 활동의 '배경'이 아니었다.

이러한 인간-자연 관계의 핵심은 감각적 지식이라고 할 수 있다. 현대인이 주로 시각에 의존하는 것과 달리, 전통 사회의 인간은 오감을 총동원해 자연을 이해했다. 인간은 자연과 분리된 관찰자가 아니라 자연의 일부로서 자연 안에서 살아가는 존재였다. 자연을 안다는 것은 그에 대한 정보를 수집하는 것뿐만 아니라, 그 리듬에 자신을 동조시키는 것이었다.

이러한 몸의 감각을 활용한 실천적 지혜는 전 세계 곳곳에서 발견된다. 북극의 이누이트족은 눈 위의 무늬와 바람의 자취를 읽어 내며 혹독한 환경에서 생존해 왔다. 호주의 아보리지널들은 드림타임 신화를 노래 형식의 '송라인(Songline)'으로 기억해 두고, 별빛, 바위, 바람, 냄새 같은 감각 표지에 맞춰 노래를 따라 부르며 자연 경관 전체를 거대한 지도이자 생존을 위한 실천적 지침으로 삼았다. 아마존의 원주민들은 세대에 걸친 촉각, 후각 관찰로 수천 종의 식물 특성을 구별하고, 이를 통해 정교한 약초 지식 체계를 일궜다. 이때 인간은 자연을 지배하거나 통제하려 하지 않았다. 자연은 곧 인간의 시계였고, 인간의 몸은 자연의 변화를 민감하게 받아들이는 안테나와 같았다.

동아시아의 전통 사상에서도 이러한 인식은 일관되게 나타난다. 인간과 자연의 근본적 일체성을 강조하는 '천인합일(天人合一)', 자연의 흐름과 리듬에 자신을 맡기는 태도를 강조하는 도교의 '무위자연(無爲自然)', 자연을 포함한 모든 존재와 현상이 독립적으로 존재하지 않고 서로 의존하며 일어난다는 불교의 '연기(緣起)' 사상은 모두 인간과 자연, 즉 모든 존재가 서로 연결되어 있다는 인식에 기반한다. 무속에서 자연신을 모시고, 풍수

지리에서 땅의 기운[地氣]을 읽으며, 민요에서 자연의 정취를 노래하는 것들이 모두 이런 연결성의 문화적 발현이었다.

서구에서도 고대 그리스 자연 철학과 중세 자연관에서는 인간을 자연의 일부로 이해했다. 아리스토텔레스의 《자연학(Physika)》에서 자연(physis)은 스스로 운동과 변화를 일으키는 원리이자 원인이다. 또한 인간은 자연의 목적(telos)을 인식하고 자기 목적을 향해 나아가는 자연적 존재로 이해되었다. 중세 스콜라 철학에서는 이러한 목적론이 기독교 신학과 결합되어 신의 창조물인 인간과 자연은 신을 향해 나아가는 동반자로 여겨졌다.

잃어버린 연결과 회복의 과제

문자가 등장한 이후, 인간의 감각적 관심은 자연 그 자체보다 기호 체계로 향하게 되었다. 생태학자이자 철학자인 데이비드 에이브람(David Abram)은 《The Spell of the Sensuous》(1997)에서 문자가 자연의 소리, 움직임과 인간이 맺고 있던 다감각적 연결고리를 끊고, 인간의 지각을 종이에 새겨진 기호에 집중하도록 만들었다고 지적한다. 인간은 추상적 사고라는 새로운 능력을 얻게 되었지만, 스스로를 자연의 일부로서가 아니라 그 외부에 위치한 존재처럼 행동하게 되었다.

우리는 날씨를 몸으로 느끼기보다 기상 앱으로 확인하고, 계절의 변화를 자연적 징후에서 읽기보다 달력의 숫자로 인식한다. 별을 보기 위해서는 도시를 벗어나야 하고, 자연의 소리를 들으려면 특별한 장소를 찾아가야 한다. 우리는 자연과의 직접적 연결성을 상실한 채, 기술이 매개하는 세계에서 살아가고 있다.

이러한 기술 매개는 기술을 통한 지구 행성 재설계와 같은 거시적 관점으로까지 이어진다. 기술철학자 벤자민 브래튼(Benjamin Bratton)은 인간 활동(산업화, 자본주의, 화석 연료 사용 등)이 지구 시스템에 일으켜 온 변화를 '우발적인 테라포밍'이 작동해 온 것으로 본다(Bratton, 2021). SF 소설에서 유래한 용어인 테라포밍(Terraforming)은 원래 지구가 아닌 다른 행성의 환경을 인간이 살 수 있도록 지구처럼 변화시키는 과정을 의미한다. 브래튼은 이미 벌어지고 만 현실을 직시하고, 오히려 더욱 의도적이고 체계적으로 지구를 테라포밍할 것을 주장한다. 이때 지구 자체를 구조적, 기술적, 윤리적으로 관리하고 유지하기 위한 전략적 메커니즘으로 기술 활용을 핵심에 둔다. 그에 따르면, 자연과 인공을 대립시키는 기존의 사고방식으로는 현재의 생태적 위기를 해결할 수 없으니, 오히려 인공성을 적극 수용해 '행성 규모의 컴퓨테이션(planetary scale computation)'과 자동화 시스템을 통해 새로운 행성성(planetarity)을 구성해야 한다는 것이다.

브래튼의 접근은 거시적 시스템 차원에서 기술과 자연의 새로운 관계를 모색한다는 점에서 의미가 있다. 하지만 그의 행성 규모 컴퓨테이션이 제시하는 비전이 어떻게 개인의 감각 회복이라는 미시적 차원과 연결될 수 있을지는 분명치 않다. 인간이 자연과 맺는 직접적이고 체화된 관계, 즉 몸으로 느끼고 오감으로 경험하는 연결성의 차원은 그의 거대한 시스템적 사고에서는 포착되지 않는다.

한편, 영국의 인류학자 팀 잉골드(Tim Ingold)는 이러한 단절을 극복할 수 있는 다른 관점을 제시했다. 그는 전통 사회에서 인간과 환경의 관계가 '수집과 이용'이 아니라 '참여와 응답'의 관계였다며, 현대인이 환경을 '자원'으로만 바라보는 관점을 비판했다(Ingold, 2000). 잉골드에게 환경은 단순히 인간이 이용하는 배경이 아니라, 살아 있는 존재들이 서로가 서로의 조건을 만들어 주는 '그물망(meshwork)'이다. 기존의 네트워크가 고정된 점들 사이의 연결이라면 그물망은 선들이 얽히면서 지속적으로 변화하는 살아 있는 관계를 의미한다(Ingold, 2007/2024).

이러한 맥락에서 잉골드는 기술을 환경과의 지속적인 상호작용을 통해 체화되는 숙련적 실천(skilled practice)으로 이해한다. 거주(dwelling) 역시 단순한 정착이 아니라 환경의 일부로 참여하는 관계적인 존재 방식을 의미한다(Ingold, 2000). 자연의 실재는 마음에 의한 인식을 넘어, 우리의 실제 삶에서 체험과 참여를 통한 직접적 마주침으로 경험되어야 한다.

이제 우리는 기술과 함께 자연과 맺는 관계를 새롭게 설계해야 한다. 감각이 사라진 자리를 데이터와 계산이 메웠지만, 바로 이 때문에 우리는 오늘의 생태 위기의 징후를 감지하지 못하게 되었는지도 모른다. 이제 AI를 포함한 첨단 기술로 자연과 관계 맺는 능력을 되찾아야 할 때다.

다음 장에서는 근대 과학혁명과 산업혁명이 인간과 자연 간의 감각적 연결성을 어떻게 체계적으로 해체했는지, 그리고 그 과정에서 기술이 자연과 인간 사이에 어떤 새로운 관계를 빚어냈는지 살펴볼 것이다.

참고문헌

Abram, D.(1997). *The Spell of the Sensuous: Perception and Language in a More-than-Human World.* Vintage Books.

Bratton, B.(2021). *The terraforming.* Verso.

Ingold, T.(2000). *The perception of the environment: Essays on livelihood, dwelling and skill.* Routledge.

Ingold, T.(2007). *Lines.* 김지혜 옮김(2024). 《라인스》. 포도밭출판사.

Ingold, T.(2011). *Being alive: Essays on movement, knowledge and description.* Routledge.

02
기술이 만든 자연 지배의 역사

근대 과학혁명은 인간과 자연의 관계를 근본적으로 바꿨다. 베이컨은 자연을 고문해야 할 대상으로, 데카르트는 목적 없는 기계로 규정했다. 자연은 살아 있는 질서에서 지배 가능한 대상으로 전락했다. 산업혁명과 디지털 시대를 거치며 이 경향은 더욱 극대화되었고, 오늘날 기후 위기로 그 한계를 드러내고 있다.

노래하는 AI 보컬?

자연의 죽음 : 아리스토텔레스에서 베이컨까지

고대 그리스 철학자 아리스토텔레스에게 자연은 스스로의 목적(telos)을 품은 존재였다. 돌멩이는 그 나름의 '형상'을 지니고, 씨앗은 이미 암시된 '완성된 나무'를 지향하며 성장한다. 그는 자연을 하나의 거대한 '자연의 사다리(The Scala Naturae)'로 이해했다. 맨 아래 흙과 돌 같은 무생물, 그 위에 영양을 섭취하고 성장하는 식물, 그 위에 감각과 운동이 더해진 동물, 그리고 이성을 갖춘 인간이 놓인다. 각 층은 새로운 '영혼(psychē)'의 기능이 층층이 더해진 위계였으며, 더 높이 올라갈수록 복잡성(complexity), 완전성(perfection), 가치(value)가 더 커진다고 여겨졌다(Hacking, 1983). 이 세계관에서 자연은 고유한 목적과 의미를 가진 살아 있는 질서로 이해되었다.

그러나 중세를 거쳐 르네상스에 이르면서 이런 자연관에 서서히 균열이 생기기 시작했다. 중세 스콜라 철학을 비롯한 기독교 사상은 아리스토텔레스의 자연학을 신학과 결합해 보존했지만, 14세기 후반부터는 다른 자연 탐구 방식이 고개를 들었다. 연금술, 기계학, 광학, 그리고 반복적인 실험 관찰이 중시되면서 자연은 더 이상 질서 정연한 생명의 사다리가 아니라 분석, 개입, 재구성이 가능한 탐구의 대상이 되어 갔다.

변화는 17세기에 들어 본격화된다. "아는 것이 힘이다"라는 영국 철학자 프랜시스 베이컨(Francis Bacon)의 유명한 선언은 인간이 자연을 대하는 새로운 태도를 담고 있다. 그는《노붐 오르가눔(Novum Organum)》(1620)에서 "자연은 스스로의 방식으로 놓아둘 때보다, 인공의 거센 자극을 받을 때 그 비밀을 더 쉽게 드러낸다"고 주장했는데, 이는 자연을 고문(拷問)하여 그 비밀을 캐내야 할 대상으로 다루어야 한다는 의미로 해석되어 왔다. 이는 자연과 조화롭게 공존하던 중세적 자연관에서 자연을 지배하고 조작하려는 근대적 자연관으로의 결정적 전환을 의미했다.

베이컨에게 자연은 경외의 대상이 아니었으며, 인간의 필요에 따라 분해되고 재조립되어야 할 재료였다. 흥미롭게도 그는 자연을 '여성적'이고 '수동적'인 존재로 규정하며, 이를 '남성적'이고 '능동적'인 과학 정신으로 정복해야 한다고 주장했다. 이러한 사고방식은 자연을 피실험자의 위치에 두고 인간의 이성이 통제해도 된다는 논리를 정당화했다(Merchant, 2008). 그리고 이것이 이후 근대 과학기술이 자연을 대하는 기본 태도가 되었다.

기계가 된 세계 : 데카르트의 이원론과 과학혁명

베이컨이 실험을 통한 자연 정복을 주장했다면, 르네 데카르트(René Descartes)는 정신(res cogitans)과 물질(res extensa)을 완전히 분리하는 이원론으로 자연의 지위를 재정의했다. 이 분리는 자연에 대한 인간의 근본적 태도를 규정했다. 데카르트에게 자연은 정신이 없는 실체, 즉 '목적 없는 기계'였다. 동물조차도 '울부짖는 기계'(bêtes-machines)에 불과했으며, 나무나 돌 역시 외부 힘을 받아 움직일 뿐 스스로 목적을 갖지 않는다고 보았다(Descartes, 1637/2022). 이런 관점에서 자연은 감정도 의식도 없는 대상이 되어, 인간이 마음껏 조작하고 이용해도 되는 것으로 전락했다.

또한 주목할 점은 데카르트의 방법론적 회의가 인간의 감각적 지식 역시 불신하게 만들었다는 점이다. 전통 사회에서는 몸의 감각을 통해 자연을 이해했다. 하지만 데카르트는 감각이 때때로 우리를 속인다고 보고, 오로지 이성을 통해서만 확실한 지식을 얻을 수 있다고 주장했다(Descartes, 1641/2012). 이러한 인식론적 전환은 인간과 자연과의 감각적 연결을 약화시키는 데 영향을 미쳤다.

17세기에는 과학혁명이라는 구체적인 방법으로 이러

한 철학적 전환이 실현되었다. 갈릴레이의 수학적 자연관, 뉴턴의 기계론적 우주관은 자연 현상을 수학 법칙 혹은 원인-결과로 설명 가능한 거대한 기계로 이해했다. 이러한 자연관은 놀라운 예측과 논리적 설명을 가능하게 했지만, 동시에 자연의 질적 측면을 거의 배제했다.

과학사학자 캐롤린 머천트(Carolyn Merchant)는 이 과정을 "자연의 죽음(The Death of Nature)"이라고 표현했다(Merchant, 1980/2005). 중세까지 자연은 살아 있는 유기체로 여겨졌지만, 근대 과학은 자연을 감정도, 의지도, 목적도 없이 작동하는 죽은 기계로 만들었다는 것이다. 머천트는 특히 이런 변화가 여성에 대한 관념과 밀접하게 연결되어 있음을 지적했다. 자연이 '어머니'에서 '기계'로 바뀌는 과정은 여성의 지위 변화와도 맞물려 있었다.

자연의 자원화 : 산업혁명에서 디지털 시대까지

18~19세기 산업혁명 시기에는 이런 철학적 전환이 눈에 보이는 현실이 되기 시작했다. 증기기관이 공장, 기차, 증기선에 광범위하게 도입되면서 석탄을 연소시켜 동력을 얻는 새로운 생산 체계가 시작되었다. 이는 단순한 기술적 진보가 아니라, 자연에서 에너지를 대량으로

추출하는 새로운 방식의 시작을 의미했다. 석탄, 철광석, 목재 등 자연 자원이 산업 생산을 위한 원료로 대량 소비되는 과정에서 자연은 완전히 도구화, 대상화되었다. 숲은 목재를 공급하는 자원이 되었고, 강은 공장 폐수를 흘려보내는 하수구가 되었으며, 대기는 매연을 배출하는 공간이 되었다. 자연의 고유한 리듬과 균형은 산업 생산의 효율성 앞에서 무시되었다.

이 과정에서 시간 관념도 근본적으로 변화했다. 농업 사회에서는 자연의 리듬이 인간의 시간을 규정했다. 하지만 산업 사회에서는 '기계의 리듬'이 인간과 자연의 시간을 규정하기 시작했다. 공장의 시계가 태양보다 중요해졌고, 생산 일정이 계절의 변화보다 우선시되었다.

마틴 하이데거(Martin Heidegger)는 기술의 본질을 '게슈텔(Ge-stell, enframing)'로 규정한다(Heidegger, 1954/2008). 이 개념은 독일어로 '틀', '골조'를 의미하지만, 하이데거는 이 단어에 "몰아-세움"이라는 특별한 의미를 부여했다. 즉, 기술의 본질은 모든 존재자를 언제든지 동원 가능한 자원이 되도록 몰아세우고 효율적으로 이용하고 관리하려는 방식이라는 것이다. 이러한 이해 방식은 인간이 세계를 바라보는 관점까지 규정한다.

강은 더 이상 흘러가는 물의 아름다움이나 생명의 원

천이 아니라 수력 발전의 에너지원이 되고, 숲은 거주하고 성찰하는 공간이 아니라 목재와 산소의 공급원이 된다. 산은 등반하고 명상하는 장소가 아니라 광물 자원의 저장고이자 관광 상품이 된다. 이러한 자연의 자원화는 자연 자체의 존재 방식을 가리고, 인간과 자연의 근본적인 관계성을 차단한다. 하이데거는 라인강의 예를 든다. 전통적으로 라인강은 독일 문화의 상징이자 낭만파 예술이 노래한 자연의 아름다움이었다. 프리드리히 횔덜린은 송가 〈라인(Der Rhein)〉에서 이 강을 자유를 부르는 신성한 흐름으로 찬미했다. 하지만 수력 발전소가 건설되면서 라인강은 전력을 생산하는 '에너지 저장고'로 전락했다. 강의 아름다움이나 생태적 가치는 부차적인 것이 되고, 오직 전력 생산 능력만이 중요해졌다.

21세기 들어 인공지능의 등장은 자연 착취의 새로운 단계를 열었다. 케이트 크로포드는 AI를 "추출의 기술(Extractive technology)"이라고 규정했다(Crawford, 2021/2022). AI는 겉보기에는 비물질적이고 청정한 기술처럼 보이지만, 실제로는 막대한 물질 자원을 빨아들이는 추출 산업이다. 예를 들어, AI 기술의 핵심인 반도체와 배터리 생산을 위해서는 리튬, 코발트, 희토류와 같은 광물이 필요하다. 이런 광물들은 주로 남미의 칠레,

볼리비아, 아르헨티나에 걸친 리튬 삼각지대, 콩고민주공화국의 코발트 광산, 중국 네이멍구의 희토류 광산 등에서 채굴된다. 채굴 과정에서 현지 생태계가 파괴되고 토착 주민들은 유해물질 노출 등으로 심각한 건강 문제에 시달릴 뿐만 아니라 삶의 터전까지 잃는다.

칠레 북부 아타카마 분지의 리튬 채굴이 대표적인 사례다. 이곳에서는 염호에서 퍼 올린 막대한 양의 염수를 증발지에 모아 농축한 뒤 리튬을 추출한다. 염수를 지속적으로 퍼 올리면 주민들이 사용해야 할 담수가 아래로 스며들어 고갈되는 현상이 발생한다. 이로 인해 사막의 생태계가 무너지고, 수천 년 동안 이 지역에 살면서 지하수에 의존해 왔던 아타카메뇨족은 삶의 터전을 잃게 된다. 그러나 이런 파괴는 스마트폰과 전기차를 사용하는 선진국 소비자들의 눈에는 보이지 않는, 은폐된 다른 세계의 현실일 뿐이다.

베이컨의 '자연 고문' 선언에서 출발한 근대 과학과 기술 발전의 여정을 거치며, 인간은 점차 자연의 목소리에 귀 기울이지 않게 되었다. 인간은 자연에게서 필요한 것만 가져갈 뿐, 자연이 보내는 신호에는 귀를 막은 것이다.

결국, 자연을 일방적으로 지배하려는 이러한 시도는

이제 한계를 드러내고 있다. 기후 변화는 가장 명백한 징후다. 대기 중 이산화탄소 농도가 급격히 증가해 산업혁명 이전 약 280ppm이던 수치는 현재 430ppm에 가까워졌다(IPCC, 2021). 450ppm은 국제 사회가 말하는 2°C 상승 경계이며 이를 넘기면 생태계 붕괴 위험이 기하급수적으로 커진다. 생물 다양성 저하도 심각한 수준이다. 다수의 생태학자들은 현재 지구가 "여섯 번째 대멸종" 시대에 접어들었다고 평가한다(Barnosky et al., 2011; Kolbert, 2014/2022). 지구 역사에서 다섯 번 있었던 대량 절멸에 필적할 규모로 일어나고 있는 급속한 종소멸 사태의 원인은 바로 단 하나의 종인 '인간'이다.

이는 인간과 자연을 분리해 자연을 끝없는 자원 창고로만 여겨 온 근대적 사고방식이 초래한 위기다. 인간의 손에서 발달한 기술은 인간의 착취적 사고방식을 확대하고, 인간의 감각마저 재구성해 자연과의 거리를 점점 더 벌려 왔다.

다음 장에서는 기술이 인간의 감각 체계를 어떻게 바꾸어 놓았는지, 그리고 이 변화된 감각이 자연과의 단절을 어떻게 심화시켰는지 짚어 보고, 새로운 연결을 모색할 단서를 찾아볼 것이다.

참고문헌

이병철(2004). "기술의 본질에 대한 하이데거의 존재론적 물음". 《철학연구》, 28, 55~80쪽.

Bacon, F.(1620). *Novum organum.* In Spedding, J. et al.(trans.,). Cambridge University Press.

Barnosky, A. D. et al.(2011). Has the Earth's sixth mass extinction already arrived?. *Nature, 471*, pp.51~57.

Crawford, K.(2021). *The Atlas of AI: Power, Politics, and the Planetary Costs of Artificial Intelligence.* 노승영 옮김(2022). 《AI 지도책》. 소소의책.

Descartes, R.(1637). *Discours de la méthode.* 이현복 옮김(2022). 《방법서설》. 문예출판사.

Descartes, R.(1641). *Meditationes de Prima Philosophia.* 원석영 옮김(2012). 《성찰1》. 나남출판.

Hacking, I.(1983). *Representing and Intervening: Introductory Topics in the Philosophy of Natural Science.* Cambridge University Press.

IPCC(2021). *Climate Change 2021: The Physical Science Basis.* Cambridge University Press.

Kolbert, E.(2014). *The Sixth Extinction: An Unnatural History.* 김보영 옮김(2022). 《여섯 번째 대멸종》. 쌤앤파커스.

Merchant, C.(1980). *The Death of Nature.* 전규찬 외 옮김(2005). 《자연의 죽음》. 미토.

Merchant, C.(2008). The violence of impediments: Francis Bacon and the origins of experimentation. *Isis, 99*(4), pp.731~760.

03
기술이 재구성하는 감각

기술은 인간의 감각, 지각, 인식을 근본적으로 재구성해 왔다. 망원경은 시각을 확장하지만 동시에 육안의 예민함을 둔화시키고, 스마트폰은 정보에 쉽게 접근하게 하지만 기억과 집중력을 약화시킨다. 특정 감각을 기술에 위임할수록 경험은 간접화되고 표준화된다. 하지만 기술은 동시에 새로운 경험의 가능성을 열어준다.

인공지능과 편향?

감각, 지각, 인식: 기술이 개입하는 세 층위

우리는 기술이 인간의 능력을 확장한다는 말을 자주 듣는다. 하지만 기술의 영향은 그렇게 단순하지 않다. 기술은 무엇을 확장하고, 그 과정에서 무엇을 잃게 하는가? 이 질문에 답하기 위해서는 먼저 감각(sensation), 지각(perception), 인식(cognition)의 관계를 이해할 필요가 있다. 이들은 우리가 세상과 관계 맺는 서로 다른 층위이며, 기술은 이 세 층위 모두에 개입하기 때문이다.

감각은 가장 기본적인 단계로, 외부 자극을 수용 기관(눈, 귀, 피부 등)을 통해 받아들이는 생리적 반응이다. 개인과 세계를 연결하는 통로 역할을 하는 감각은 외부수용(exteroceptive), 자기수용(proprioceptive), 내부수용(interoceptive) 계통으로 나뉜다(Sherrington, 1906). 이는 시각, 청각, 후각, 미각, 촉각 같은 외부 자극, 근육, 관절, 평형 기관이 전달하는 자세, 운동, 평형 감각, 그리고 내장 상태를 전하는 내부 감각까지 아우르며, 우리가 세계를 경험하는 방식이 얼마나 다층적인지를 보여 준다.

지각은 이렇게 받아들인 감각 정보를 뇌가 해석하고 조직화하는 과정을 뜻한다. 우리는 망막에 맺힌 빛의 패턴을 '나무'로 보고, 고막을 진동시키는 공기 진동을 '새소리'로 들으며, 피부의 압력 변화를 '바람'으로 느낀다.

지각은 감각 데이터를 의미 있는 정보로 구성하는 작용이다.

인식은 그 다음 단계다. 지각된 정보를 기존 기억, 개념과 연결해 추상화, 분류, 추론, 상징화하는 능력이다. '나무'라고 지각한 것을 식물학적 분류 체계 안에 자리 매기거나, 생태계의 일부로 파악하거나, 문화적 상징으로 해석하는 것이 이에 해당한다.

이 과정들은 엄격히 분리되거나 순차적으로 일어나는 것이 아니라, 서로 피드백을 주고받으며 작동한다. 중요한 것은 이 전체 과정이 우리의 '몸'을 통해 일어난다는 사실이다. 우리는 추상적인 정신으로만 세상을 아는 것이 아니라, 구체적인 몸을 통해 세상과 만난다.

그리고 기술은 바로 이 몸을 통한 감각-지각-인식의 체계에 개입하여, 인간 경험을 확장하기도 하고 절단하기도 하면서 새로운 세계 경험의 구조를 만들어 왔다.

기술적 존재로서의 인간: 확장과 절단의 이중성

인간은 태생적으로 외부 장치와 끊임없이 융합해 온 '선천적 사이보그(natural-born cyborg)'다(Clark, 2003/2015). 인간은 생존과 생산 활동을 위해 언제나 도구와 기술을 덧붙이며 자신의 능력을 확장해 왔기 때문이다.

언어 자체도 사고 능력을 확장하는 가장 오래된 기술이고, 문자는 인간의 기억을 외부화하는 기술이다.

프랑스 철학자 베르나르 스티글러(Bernard Stiegler)는 그리스 신화 속 에피메테우스가 동물들에게 모든 능력을 나눠주다 인간에게는 아무런 생존 수단을 남겨주지 않아서 프로메테우스가 신들에게서 '불과 기술'을 훔쳐 인간에게 건네주었다는 이야기를 원용한다. 그는 이 서사를 기원적 결핍과 그 보충으로서의 기술(prosthesis)이라는 테제로 해석하면서 인간과 기술의 필연적 결합을 설명한다(Stiegler, 1998). 인간은 기술 없이는 존재할 수 없고, 기술 또한 인간 없이는 존재할 수 없다. 기술과 도구에 인간의 기억과 경험이 겹겹이 축적되고, 그 도구가 다시 인간을 변형시킨다. 인간과 기술은 끊임없는 '공동구성(co-constitution)'의 관계에 있다.

기술을 어떻게 사용할 것인가를 논의하기 전에, 먼저 기술이 인간에게 미치는 영향을 파악할 필요가 있다. 마셜 매클루언(Marshall McLuhan)은 기술의 이중성을 날카롭게 포착했다. 《미디어의 이해(Understanding Media)》(1964/2011)의 부제이자 그의 유명한 명제인 "미디어는 인간의 확장(extensions of man)"은 기술이 인간의 능력을 밖으로 확장시킨다는 점을 포착한 표현이다. 망원경은 눈의 확장이고, 전화는 귀와 입의 확장이며, 바퀴는 발의 확장이다. 기술을 통해 인간은 더 멀리 보고 들으며, 더 빠르게 이동할 수 있게 되었다.

하지만 매클루언은 이러한 확장이 동시에 '자기 절단(self-amputation)'을 수반한다고 지적한다. 자기 절단이란 기술로 특정 감각을 바깥에 펼쳐 내는 대가로, 그 감각이 과잉 자극으로부터 자신을 보호하기 위해 스스로 무감각해지는 현상을 가리킨다. 예를 들면, 계산기는 계산을 즉각적으로 처리해 주기 때문에 직접 연산하는 인지적 긴장감을 감소시킨다. 스마트폰은 방대한 정보를 언제나 제공함으로써 기억을 소환하려는 내적 노력을 둔화시킨다. GPS는 스스로 공간을 탐색할 때 느끼던 공간 지각의 예민함을 무디게 만든다. 이처럼 감각이 둔화되고 지각과 인식이 기술에 위임될수록, 우리는 직접적인 신체 경험이나 직관적 판단보다 기술이 제공하는 외부화된 데이터와 계산 결과에 의존하여 세계를 이해하게 된다.

기술 매개의 그늘

오늘날은 정신-신경계가 돌연변이를 겪는 시대다. 네트워크화된 환경에서 정보의 과잉 자극과 기계적 속도에

인지 활동이 끊임없이 맞춰지면서, 주의, 기억, 상상 등이 한계에 이르거나 균열을 일으킨다. 이 과정에서 인지와 연결된 정서적 영역은 극한의 스트레스를 받는다 (Berardi, 2010).

영국 가디언지의 기사에 따르면, 현대인은 하루 평균 7시간 가까이 스크린 화면을 들여다보고 그중 상당한 시간을 실내에서 보낸다(The Guardian, 2024). 시각과 청각에 과도하게 치우친 기술 매체 환경 속에서 후각과 촉각은 과거에 비해 사용 기회가 줄어들었고, 온라인 중심의 소통이 실제 몸의 접촉과 감각적 교류를 대체하면서, 정서적 공감 능력과 사회적 유대감이 약화될 위험을 키우고 있다.

이러한 인지 · 정서적 변화와 감각의 편중은 생활 패턴의 변화에 그치지 않는다. 그 기저에는 근대 과학기술이 세계를 인식하고 경험하는 방식 자체를 바꿔놓은 더 근본적인 전환이 자리하고 있다. 과학기술은 생활 세계(Lebenswelt)의 경험적 층위를 망각하게 한다(Husserl, 1936/2016). 날씨를 경험한다는 것은 우리 몸이 온도, 습도, 바람, 빛을 한데 엮어 느끼며 기분과 행동을 조율하는 일이다. 그러나 과학기술적인 관점에서 날씨는 온도, 습도, 기압, 풍속 등의 객관적 수치로 환원된다. 그

결과 생활 세계의 풍부한 의미 구조는 단순화되고, 인간의 구체적 경험은 과학적 대상으로 환원된다.

이러한 변화는 우리의 자연 경험에도 그대로 적용된다. 미디어를 통한 자연 경험은 주로 시청각 정보에 의존하며 촉각, 후각, 미각 등의 근접 감각들은 주변화된다. 기술적 매개에 익숙해진 현대인은 신체적 지각 경험의 풍부함을 잃고, 실제 자연의 미묘한 색, 냄새, 소리를 점차 구분하지 못하게 된다.

기술적으로 매개된 자연 경험에도 발터 베냐민의 '아우라(aura)' 개념을 적용할 수 있다. 아우라는 '여기-지금'의 유일무이한 '일회적 현존성'으로, 특정한 시공간적 맥락에서만 경험할 수 있는, 가까이 있어도 유지되는 거리감을 의미한다(Benjamin, 1935/2007). 일출을 직접 보는 경험과 사진으로 보는 경험의 차이, 숲속에서 직접 듣는 새소리와 녹음된 새소리의 차이가 바로 아우라의 유무에서 비롯된다. 기술적 복제는 이러한 아우라를 소거하고, 자연 경험을 표준화하고 균질화한다. 4K 영상으로 촬영된 자연 다큐멘터리가 아무리 놀라운 시각적 정보를 제공한다고 해도 숲 한가운데서 느끼는 생생한 현존감 자체를 대신하기는 어렵다.

기술이 여는 새로운 가능성들

기술은 감각-지각-인식의 전체 연쇄 속에서 작동하면서 인간 경험을 근본적으로 재구성해 왔다. 설명의 편의를 위해 이를 세 층위로 나누어 살펴볼 수 있다.

첫째, 감각의 확장이다. 현미경은 미시 세계를 보게 해 주었고, 망원경은 우주의 신비를 드러냈다. 엑스레이는 몸 안을 들여다보게 했고, 초음파는 가청 범위 밖 음파를 영상으로 변환해 보여 준다. 이들은 모두 인간의 생리적 감각 기관이 포착할 수 없는 자극을 감지 가능한 형태로 변환함으로써 감각의 범위를 확장한다.

둘째, 지각의 재구성이다. 디지털 기술은 감각 데이터를 조직하고 구조화하는 방식을 새롭게 한다. 데이터 시각화는 추상적인 정보를 시각적으로 경험할 수 있게 해 준다. 주식 시장의 변동을 색깔과 움직임으로 보고, 지구 온난화의 진행을 애니메이션으로 체감할 수 있게 한다. 가상현실(VR)과 증강현실(AR)은 실제로 갈 수 없는 곳을 체험하고, 현실에 존재하지 않는 것들을 마주하게 한다.

셋째, 인식의 증강이다. AI 기술은 패턴 인식과 의미 해석의 단서를 제공한다. 의료 진단에서의 미세한 변화, 기후 데이터 속 숨겨진 경향, 생태계 모니터링을 통해 드러나는 자연의 변화 등을 AI가 분석하여 인간이 이해할 수 있는 형태로 제시한다. 여기서 확장되는 것은 감각의 물리적 범위가 아니라, 방대한 데이터 속에서 패턴을 찾아내고 의미를 추출하는 인지적 능력이다. 그 결과 우리는 이전에 감지하지 못했던 자연의 복잡한 리듬과 환경 변화의 징후들을 포착하고 예측할 수 있게 된다.

이제 지능형 기술은 자연의 신호를 새로운 방식으로 읽어낼 수 있는 가능성을 열어준다. 하지만 이러한 기술적 능력이 곧 자연과의 새로운 관계를 보장하는 것은 아니다. 기술이 공생의 길로 이끌지, 착취를 심화할지는 인간-기술-자연이 어떤 방식으로 관계를 맺고 구성되는가에 달려 있다.

참고문헌

Benjamin, W.(1935). *Das Kunstwerk im Zeitalter seiner technischen Reproduzierbarkeit.* 최성만 옮김(2007). 《기술복제시대의 예술작품》. 도서출판길.

Berardi, F.(2010). Cognitarian Subjectivation. *e-flux journal, 20.* https://www.e-flux.com/journal/20/67633/cognitarian-subjectivation/

Clark, A.(2003). *Natural-Born Cyborgs: Minds, Technologies, and the Future of Human Intelligence.* 신상규 옮김(2015). 《내추럴-본 사이보그》. 아카넷.

Husserl, E.(1936). *Die Krisis der europäischen Wissenschaften und die transzendentale Phänomenologie.* 이종훈 옮김(2016). 《유럽학문의 위기와 선험적 현상학》. 한길사.

McLuhan, M.(1964). *Understanding Media: The Extensions of Man.* 김상호 옮김(2011). 《미디어의 이해: 인간의 확장》. 커뮤니케이션북스.

Sherrington, C. S.(1906). *The Integrative Action of the Nervous System.* Yale University Press.

Stiegler, B.(1998). *Technics and Time, 1: The Fault of Epimetheus.* In Beardsworth, R. & Collins, G.(trans.). Stanford University Press.

The Guardian(2024.4.13). Smell is really important for social communication: How technology is ruining our senses. The Guardian.

04
AI가 여는 새로운 관계의 가능성

AI는 자연의 복잡한 신호를 번역하고, 인간이 인식할 수 없는 시공간적 규모의 생태 패턴을 감지하며, 개인의 일상적 경험을 지구적 맥락과 연결시킨다. 새소리를 실시간으로 식별하는 앱부터 수십 년간의 산림 변화를 시각화하는 플랫폼까지, AI는 우리가 자연을 경험하는 방식을 근본적으로 바꾸고 있다. 과연 AI는 인간이 자연을 지배하는 도구를 넘어, 인간과 자연 사이의 새로운 소통의 길을 열어줄 수 있을까?

청각장애인과 AI?

새로운 삼각관계

근대 철학은 인간을 능동적 주체로, 자연을 수동적 객체로 위치시키는 이분법적 구조를 기반으로 했다. 이 구조 안에서 기술은 인간이 자연을 통제하고 지배하기 위한 수단으로 이해되었다. 이러한 도구적 이해는 전통적인 기계나 산업 기술에는 적합했을지라도, AI와 같이 스스로 학습하고 적응하는 기술에는 더 이상 온전히 들어맞지 않는다.

AI가 과거 기술과 근본적으로 다른 점은 그것이 행위하는 방식에 있다. 전통적 기술은 인간이 설계한 절차를 그대로 실행하는 예측 가능한 도구였다면, AI는 대량의 데이터에서 인간이 직접 발견하기 어려운 복잡한 패턴과 상관관계를 학습을 통해 식별하고, 때로는 인간이 예상하지 못한 방식으로 문제를 해결하는 능력을 보여 준다.

더 나아가 AI는 자연 자체의 '목소리'를 증폭시키는 역할을 한다. 자연의 미세한 변화들, 생태계의 복잡한 상호작용들, 그리고 인간의 감각으로는 포착할 수 없는 환경적 신호들을 감지하고 해석함으로써, 원래부터 존재했지만 인식되지 못했던 자연의 능동적 반응이 '인간-기술-자연'의 관계 속에서 실질적으로 고려될 수 있게 한다.

AI의 이러한 역할을 통해 '인간 대 자연'의 대립적 구도를 넘어서는 '인간-기술-자연'이라는 새로운 관계 구조가 가능해진다. 하지만 이 가능성이 협력으로 이어질지, 착취의 새로운 형태가 될지는 이 세 행위자가 어떤 관계망을 구성하느냐에 따라 달라진다.

AI가 여는 새로운 자연 경험

각 생물종은 고유한 감각 체계와 인지 체계를 가지고 있다. 초음파로 공간을 스캔하는 박쥐, 편광을 보는 꿀벌, 지구 자기장을 감지하는 철새는 각각 종 나름의 독특한 둘레 세계(Umwelt)를 구성한다(Uexküll, 1934/2012). 인간 역시 가시광선 영역의 빛만 볼 수 있고, 특정 주파수 대역의 소리만 들을 수 있는 제한된 감각 세계를 가진다. 이러한 생물학적 한계 탓에 인간은 생태계의 복잡한 상호작용을 완전히 이해하기 어렵다.

AI는 이러한 다양한 감각 세계들 사이의 번역자 역할을 할 수 있다. 자연의 복잡성을 단순화시키는 것이 아니라, 그 복잡성 자체를 통합해 해석하는 능력을 가진다. 기존의 적외선 카메라, 초음파 탐지기 등은 특정 물리적 신호를 감지해 이를 사람이 인식할 수 있는 영상이나 수치로 변환하는 데 국한되었다. 그러나 AI는 서로 다른 데이터 소스를 통합적으로 분석하고 맥락화하며, 환경과 사용자 피드백을 반영하는 적응 학습 능력을 갖춘다. 특히 복잡한 생태 데이터 해석에서 AI는 단순한 신호 변환을 넘어, 다양한 환경 요인들 간의 복잡한 패턴과 상관관계를 식별할 수 있다.

예를 들어, Cornell Lab의 Merlin Bird ID 앱은 2024년 기준 전 세계 1만종 이상의 조류에 대한 사진, 소리, 분포 지도, 설명을 제공한다(Cornell Lab of Ornithology, 2024). 종에 따라 다른 새소리는 스펙트로그램(소리를 시각화 한 그림)에 서로 다른 모양과 패턴으로 나타나는데, Merlin은 머신러닝 기술을 활용해 이러한 패턴을 학습하여 새소리가 어떤 종의 소리인지 식별할 수 있도록 훈련된다. 시민 과학자(ebirder)들이 Macaulay Library에 더 많은 새소리 자료를 추가할수록 Merlin의 데이터베이스는 확장되고, 인식 가능한 종의 범위도 지속적으로 확대된다. 미국과 캐나다 등 일부 지역에서는 Sound ID 기능으로 약 1300종을 소리로 식별할 수 있다. 또한 GPS 기반 위치 정보, 계절, 시간대를 종합적으로 고려해 해당 지역에서 관찰하거나 들을 수 있는 조류의 목록을 예측해 제공한다. 이를 통해 사용자들은 일상적으로 스쳐 지나가던 공간이 실제로는 다양한 생명체들이 공존하는 복잡한 생태계임을 인식하게 된다. 더 나아가 개인의 관찰 기록들은 전 지구적 생물 다양성 데이터베이스 축적에 자연스럽게 기여하게 된다.

2025년 《환경 심리학 저널(Journal of Environmental Psychology)》에 게재된 연구에 따르면, 시각, 청각, 후각의 세 가지 감각 자극을 동시에 제공했을 때가 개별 감각만 제시했을 때보다 기분이 훨씬 더 좋아지고 자연과의 유대감도 더욱 강해졌다. 뿐만 아니라 한 번에 정보를 저장, 처리, 검색하는 작업 기억력도 향상되는 효과가 있었다. 이 연구는 약 130명의 참가자를 대상으로 유럽 최대 더글러스 전나무 숲에서 촬영한 360° VR 영상, 자연 소리, 전나무 에센셜 오일 향을 결합한 실험을 통해 진행되었는데, 가상 환경에서도 실제 자연에 준하는 치유 효과를 얻을 수 있음을 입증했다(Ascone et al., 2025).

이러한 멀티센서리 자연 경험은 AI 기술과 결합될 경우 새로운 이해의 차원으로 확장될 수 있다. 실제로 최근 한 연구에서는 딥러닝을 활용해 단일 이미지로부터 고정밀 3D 산호 모델을 생성하고 이를 사용자가 VR 환경에서 상호작용할 수 있도록 구현하였다(Fu & Grierson, 2024). 이 프로젝트는 VR 상호작용에서 산호의 종류와 서식지 정보를 제공함으로써 사용자들이 해당 종의 생태적 맥락과 의미를 실시간으로 학습할 수 있다. 이는 AI 기술이 개인의 자연 경험을 시각적 차원을 넘어 교육적, 생태적 이해의 영역으로 심화시킬 수 있는 가능성을 보여 준다.

개인적 차원에서 자연 경험을 풍부하게 하는 것 외에도 보다 집단적이고 사회적인 성찰을 이끌어내는 사례도 있다. 파리 퐁피두 센터의 에스컬레이터 공간에서 선보인 비요크(Björk)와 알레프 몰리나리(Aleph Molinari)의 〈Nature Manifesto〉(2024)는 AI 기술로 멸종되었거나 멸종 위기에 처한 동물의 울음소리를 재현한 몰입형 사운드 설치작품이다. 일상적 이동 공간인 에스컬레이터를 지나는 관람객들은 멸종된 동물의 소리와 함께 인간의 역할을 환기하는 선언문을 들으면서, 현재 우리가 직면한 생물 다양성 붕괴 위기에 대한 인식을 제고할 수 있다(Centre Pompidou, 2024).

스케일을 넘나드는 생태 인식

AI는 인간이 개별적으로 인식할 수 없는 시공간적 규모의 생태 패턴을 감지할 수 있도록 해 준다. 동시에 일상적 경험을 지구적 맥락과 연결시켜 준다.

Google Earth Engine은 1970년대부터 축적된 수십

년간의 위성 이미지와 지리 공간 데이터를 기반으로, 머신러닝 및 AI 분석 기능을 활용해 지구 환경 변화를 탐지하고 시각적으로 구현하는 플랫폼이다(Google Earth Engine, 2024). 특히 타임랩스(Timelapse) 기능을 통해 사용자는 특정 지역의 수십 년간의 환경 변화를 한눈에 확인할 수 있다.

AI4Forest 컨소시엄은 광학 위성, 레이더, LiDAR 같은 다양한 원격 관측 데이터를 AI와 결합해 유럽을 포함한 전 세계 숲을 개별 나무 수준까지 식별할 수 있는 초고해상도 산림 지도를 생성하는 것을 목표로 하고 있다. 이 지도는 나무종 식별, 건강 상태, 탄소 저장량의 변화 등을 모니터링 할 수 있게 해, 과학자나 정책 입안자가 산림의 건강 상태를 추적하고 보존 및 복원 계획을 수립하는 데 활용할 수 있다(LSCE, 2024).

이러한 AI 기반 생태 모니터링 시스템은 추세 분석을 넘어 미래 예측까지 수행해, 위험에 선제적으로 대응하는 데도 쓰인다. 실제로 위성 이미지 변화 탐지 알고리즘에 기반한 Global Forest Watch 프로젝트는 산림 벌채를 예측해 관련 기관들이 선제적으로 대응할 수 있도록 돕는다. 이를 통해 아프리카 지역 9개 국가에서 산림 파괴가 약 18% 감소한 사례가 보고되기도 했다(Elks, 2021).

한편 iNaturalist의 'Seek' 앱은 훨씬 더 개인적이고 일상적인 차원에서 AI를 매개로 자연과의 관계를 새롭게 열어준다. 컴퓨터 비전(이미지 인식)을 기반으로 스마트폰 카메라를 통해 주변의 식물이나 동물을 비추면, 해당 생물의 이름과 정보를 즉석에서 제공한다(iNaturalist, 2024). 사용자는 이전에 그냥 지나쳤던 작은 생명체들과 새로운 관계를 맺게 되고, 챌린지를 통해 배지를 획득하는 게임적 요소까지 더해져 자연 탐구에 대한 동기를 지속적으로 부여받는다. 이러한 기술은 자연과의 거리를 만드는 것이 아니라, 오히려 더 직접적이고 의미 있는 만남을 가능하게 한다.

인간-기술-자연 관계로의 전환

이러한 새로운 방식의 자연 경험들은 '에코 지능(ecological intelligence)'의 발현으로 이어질 수 있다. 에코 지능이란 인간의 행동이 지구, 인간 건강, 사회 시스템과 상호 연결되어 영향을 미칠 수 있음을 이해하는 감수성이다(Goleman, 2009/2010). 현재 일부 앱들이 이러한 추상적이고 거대한 환경 문제를 개인의 일상과 직접 연결시킴으로써 효과를 나타내고 있다. Earth Hero 같은 탄소 발자국 추적 앱은 사용자들이 일상생활에서 음식

섭취, 교통수단, 물품 소비, 쓰레기 배출 등을 줄이기 위한 구체적인 체크리스트를 제공한다. 예를 들면, LED 조명으로 교체하기, 찬물에 세탁하기, 종이테이프 사용하기 등 행동 목표를 정하고 포인트를 부여하는 것이다. 특히 이 앱에서는 개인의 탄소배출량을 한국인 평균, 세계 평균, 2030년 목표와 실시간으로 비교해 보여 주고, 153개 국가의 사용자 커뮤니티와의 연동을 통해 행동의 누적 효과를 체감하게 한다.

AI 기술이 이러한 앱들과 더욱 정교하게 결합된다면, 사용자의 생활 패턴을 학습해 맞춤형 리스트를 제안하고, 사용자의 행동이 환경에 미치는 영향을 실시간으로 보여 줄 수 있다. 이는 복잡한 생태적 상호 연결성을 직관적으로 이해할 수 있도록 돕는다. AI는 자연의 복잡성을 과도하게 단순화하지 않으면서도, 인간이 접근 가능한 형태로 재구성하는 능력을 통해 인간과 자연의 관계를 지배-피지배의 구도에서 협력과 상호작용의 관계로 전환할 수 있다.

이러한 AI 기술의 잠재력은 다음 5~7장들에서 살펴볼 구체적인 예술 프로젝트들을 통해 구현된다. AI 기술이 수행하는 '발견', '번역', '협력'의 역할을 통해 인간과 자연은 새로운 형태의 관계를 구축해 나갈 수 있다.

참고문헌

Ascone, L. et al.(2025). Multi- vs. unimodal forest-bathing in VR to enhance affective and cognitive recovery after acute stress. *Journal of Environmental Psychology, 105*, 102637.

Centre Pompidou(2024). Björk: "After plagues and pandemics there will be new modes of existence". Pompidou+ Magazine.

Cornell Lab of Ornithology.(2024). Merlin Bird ID FAQs. https://support.ebird.org/en/support/solutions/articles/48000961587-merlin-bird-id-faqs

Elks, S.(2021.1.12). Here's how satellite alerts are stopping deforestation in Africa. World Economic Forum. https://www.weforum.org/stories/2021/01/satellite-alerts-deforestation-africa-trees-environment-climate-change/

Fu, J. et al.(2024). Coral model generation from single images for virtual reality applications. arXiv preprint. https://arxiv.org/abs/2409.02376

Goleman, D.(2009). *Ecological Intelligence*. 이수경 옮김(2010). 《에코지능》. 웅진지식하우스.

Google Earth Engine(2024). Earth Engine Data Catalog. https://developers.google.com/earth-engine/datasets?hl=ko

iNaturalist.(2024). About iNaturalist and Seek. https://www.inaturalist.org/pages/about

LSCE(2024). Artificial intelligence for forest monitoring from space (AI4Forests). Laboratoire des Sciences du Climat et de l'Environnement, CNRS. https://www.lsce.ipsl.fr/en/artificial-intelligence-for-forest-monitoring-from-space-ai4forests-english/

Uexküll, J. von.(1934). *A Foray into the Worlds of Animals and*

Humans. 정지은 옮김(2012). 《동물들의 세계와 인간의 세계》. 도서출판b.

05
보이지 않던 관계망의 발견 : 〈헤일로〉

기술은 자연을 통제하는 도구가 아니라 평소 감지되지 않던 관계망을 드러내는 데 참여한다. 〈헤일로〉의 태양, 알고리즘, 거울, 바람, 구름, 관객은 작품이라는 관계 속에서 비로소 '행위하는 존재'로 출현한다. 작품의 경계는 매 순간 얽힘을 통해 새롭게 만들어진다. 우연성과 예측 불가능성은 이렇게 함께 그리는 방식의 일부다.

AI 콘텐츠 크리에이터?

작품의 주체는 누구인가?

2018년 런던 서머셋 하우스 안뜰. 정오 무렵, 갑자기 허공에 커다란 원형의 빛의 고리가 나타났다. 김치앤칩스(Kimchi and Chips)의 〈헤일로(Halo)〉라는 작품이다. 작가들은 '허공에 그림 그리기'(Drawing in the air)라는 테마를 작품에 구현하면서 2017년 세계 최고 권위의 '프리 아르스 일렉트로니카(Prix Ars Electronica)' 특별상(Award of Distinction)을 수상하기도 했다.

커다란 빛의 고리는 누가 그려낸 것일까? 답은 그렇게 간단하지 않다. 〈헤일로〉는 빛을 이용해 허공에 입체 이미지를 구현한다는 점에서 작가들의 이전 프로젝트 〈라이트 배리어 세 번째 에디션(Light Barrier 3rd Edition)〉과 작동 원리가 유사하다. 하지만 실내에 설치된 8대의 프로젝터(인공조명)를 야외의 태양(자연광)으로, 고정된 630여 개의 거울을 움직이는 99개의 헬리오스탯으로 바꾸었다는 점에 놀라운 반전이 스며있다.

작가들이 런던의 임프로버블 월즈 리미티드(Improbable Worlds Limited)와 공동 개발한 베이지안 추론 머신러닝 기반 제어 소프트웨어는 시간대별 태양 궤적과 건물에 의한 차폐 조건을 고려해 99개의 헬리오스탯의 각도를 계산한다. 99개의 거울은 이렇게 계산된 각도대로 해바라기처럼 태양을 따라다니며 허공의 특정 지점에 그 빛을 반사해 낸다. 허공에 반사한 빛이 우리 눈에 보이기 위해서는 공기 중에 떠다니는 입자 표면과 부딪혀 여러 방향으로 흩어지는 산란 현상이 있어야 한다. 이를 위해 미스트 분사 장치가 지속적으로 허공에 수증기를 발생시키며 빛의 산란을 돕는다. 그런데 만약 그 순간 바람이 세게 분다면 어떻게 될까? 미스트가 날아가 버려 태양 빛이 만드는 '빛의 그림'이 보이지 않는다. 헬리오스탯이 태양의 위치를 향해 완벽하게 각도를 조정해도, 그 둘 사이를 구름이 가린다면 빛은 반사되지 않는다. 이처럼 〈헤일로〉에서는 우리가 평소 인지하지 못했던 자연의 여러 요소들이 긴밀하게 얽혀 작품 작동에 영향을 미친다.

무엇보다도 이 작품에는 창작 주체에 대한 근본적인 인식 전환이 담겨 있다. 실내에서는 작가가 모든 변수를 통제할 수 있었지만, 야외로 옮겨온 〈헤일로〉에서는 인간 작가가 통제할 수 없는 자연 요소들이 행위자로 등장한다. 작가는 이들이 만날 수 있는 틀을 제공할 뿐이다.

이 작품에서는 인간-기술-자연의 수많은 요소들이 마치 하나의 유기체처럼 공동으로 협력해 작동한다. 태양, 빛을 반사하는 거울, 이를 제어하는 알고리즘, 그에 영향을 주는 구름의 위치, 기압 차로 부는 바람, 그리고 이 장면을 마주하는 관객까지 어느 하나라도 제대로 역할하지 않으면, 작품으로서의 〈헤일로〉는 완성되지 않는다.

여기서 작가는 우리가 흔히 인식하듯이 작품의 유일한 창작 주체가 아니다. 태양은 광원 혹은 머나먼 항성(恒星)이 아니라 이미지를 생성하는 재료, 즉 그림물감을 제공하는 '공동 창조자'가 된다. 〈헤일로〉의 관객 역시 수동적인 '관찰자'가 아니다. 이들은 시시각각 변화하는 자연 환경의 일시적이고 유일한 상태, 즉 빛의 그림이 완성되는 유일무이한 순간을 함께 만드는 작품의 또 다른 '공동 창조자'다.

전통적 예술 담론이 작가를 창작의 단독 주체로 상정하고 재료를 일방적으로 지배했다면, 〈헤일로〉는 모든 구성 요소가 동등한 창작 파트너로 참여하는 근본적으로 다른 모델을 제시한다.

〈헤일로〉의 경계는 어디까지인가?

이처럼 다양한 행위자들이 상호작용하는 과정에서 작품의 '경계'는 모호해진다. 야외에 설치된 99개의 헬리오스탯과 미스트 분사 장치, 이를 제어하는 태양광 추적 알고리즘, 컴퓨터 프로그램 등 물리적 · 기술적 장치들만으로는 이 작품의 전모를 설명할 수가 없다. 만약 이들 장치만을 작품으로 본다면, 〈헤일로〉는 단순한 기계 설치물에 불과할 것이다.

〈헤일로〉의 범위는 물리적 장치와 제어 소프트웨어뿐 아니라, 그림을 그리는 재료인 태양 빛, 허공의 미스트를 흩트리는 바람, 태양 빛을 가로막는 구름, 그리고 작품을 관람하는 관객 모두를 포함한다. 이 모두가 '작품의 일부'다.

〈헤일로〉는 매 순간마다 다르게 나타나는 유동적인 실체로, 수많은 행위자들의 상호작용이 만들어내는 순간적 전체다. 이는 마치 화엄경에 등장하는 '인드라망의 구슬'을 떠오르게 한다. 인드라의 그물에는 그물코마다 구슬이 달려 있는데, 이 구슬들이 서로를 반사해서 한 구슬 안에 모든 구슬이, 모든 구슬 안에 한 구슬이 들어있다. 삼라만상의 상호 연결성을 보여 주는 예시다. 〈헤일로〉도 마찬가지다. 빛의 고리 하나에 모든 자연, 인간, 기술이 담겨 있다. 또 그 전체는 이 빛 고리 하나로 드러난다.

레프 마노비치(Lev Manovich)는 이 작품에 대해 다음과 같이 말한다. "이제 우리는 우리가 만든 기계들에 감탄하는 대신 더 풍부하고 복잡하며, 상호 연결되고 변화

무쌍하지만 동시에 더 연약한 듯 보이는 자연에 더 주목하고 싶어한다. 하지만 헤일로의 주제는 자연 자체가 아니다"(Manovich, 2021). 〈헤일로〉의 핵심은 인간, 기술, 자연이 얽혀 만들어 내는 '관계'에 있다.

이 '관계'를 이론적으로 더 정교하게 설명하는 개념이 캐런 바라드(Karen Barad)의 '내부-작용'이다. 바라드에 따르면, 개체들은 독립적으로 존재하다가 상호작용하는 것이 아니라, 관계적 얽힘 속에서 특정한 방식의 행위성을 획득하며 서로를 구성한다. 그는 이를 독립적 존재들의 '상호작용(interaction)' 대신, 관계 속에서 개체들이 생성되는 '내부-작용(intra-action)'이라는 개념으로 설명한다(Barad, 2007). 바라드의 관점을 빌리자면, 〈헤일로〉의 태양, 거울, 알고리즘, 바람은 작품을 이루는 얽힘 속에서 '입체 이미지를 생성하는 행위자들'로 출현한다. 즉, 〈헤일로〉의 경계는 사전에 고정된 것이 아니라, 매 순간 이들의 물질적 얽힘을 통해 새롭게 구성된다.

발견의 의미

〈헤일로〉는 인간, 기술, 자연의 관계를 어떻게 재정의하는가? 세 가지 차원에서 살펴볼 수 있다.

첫째, 기술의 존재론적 역할이 재정의된다. 하이데거

는 근대 기술의 본질인 게슈텔(Gestell)이 모든 존재자를 언제든 동원 가능한 자원(Bestand)으로 정립시킨다고 비판했다. 이때 존재자들은 오직 효율성과 유용성의 관점에서만 드러나고, 다른 존재 가능성들은 은폐된다(Heidegger, 1954/2008). 그러나 〈헤일로〉에서는 기술이 자연을 통제하거나 은폐하는 수단이 아니라, 우리가 평소 지각하지 못했던 자연의 존재와 그 관계망을 감각적으로 체험할 수 있도록 돕는다. 여기서 기술은 '감각되지 않던 것'을 '감각될 수 있게 만드는' 전환의 장치가 된다.

우리는 매일 태양 아래서 살지만, 대개 낮과 밤의 구분 외에는 태양에 대해 깊이 생각하지 않는다. 허공에 떠오른 빛의 고리는 우리가 평소 당연하게 여겼던 것—태양, 구름, 바람—들 간의 관계를 새롭게 인식하게 한다. 예를 들어, 태양은 광원뿐 아니라 태양 복사열에 의한 기압차를 통해 바람을 일으키고, 증발과 응결 과정을 통해 구름을 형성하는 핵심 동인이기도 하다. 빛의 고리가 생성되기 위한 조건에 이 모든 요인들이 복잡하게 얽혀 있다. 이처럼 허공에 떠오른 고리 하나로 우리는 자연의 능동성과 역동성을 감각적으로 체험하고, 인간-기술-자연의 연결성을 되짚어 볼 수 있다.

둘째, 인간-기술-자연 간의 비위계적 관계를 구현한

다. 〈헤일로〉의 작동 과정에서는 인간 작가의 의도, 기술의 연산 능력, 자연의 예측 불가능성이 서로를 지탱한다. 그 어떤 행위자도 다른 존재를 일방적으로 지배하거나 통제하지 않는다. 상호 의존 관계 속에서 각 행위자는 고유한 역할을 수행하며, 그 어느 하나 없이는 작품이 구성되지 않는다. 〈헤일로〉는 상호 의존과 공존의 관계를 여실히 드러냄으로써, 인간이 자연과 맺는 관계를 근본적으로 다시 생각해 볼 수 있게 한다.

셋째, 우연성과 예측 불가능성의 수용이다. 우리가 익숙한 디지털 기술은 대개 정확하게 통제된 결과를 반복적으로 재현하는 것을 목표로 한다. 하지만 매 순간 다른 모습으로 나타나는 〈헤일로〉는 재현 불가능한 경험을 만들어 낸다. 구름의 위치, 바람의 방향, 태양의 각도는 매번 다르기에 빛의 고리는 결코 동일할 수 없으며, 작가조차 최종 결과를 완전히 예측할 수 없다. 전체적인 구조는 정해져 있지만 세부 사항은 자연이라는 우연적 요소에 의존하는 이러한 방식은, 인간 중심적 통제 욕구에서 벗어나 자연을 창작의 동반자로 받아들이는 인식 전환의 가능성을 보여 준다.

참고문헌

박계연(2024). “인공지능 시대의 세미오시스: 헤일로 작품에서 드러난 인간-기술-자연의 상호작용 탐구”. 《기호학연구》, 78, 35~68쪽.

Barad, K.(2007). *Meeting the universe halfway: Quantum physics and the entanglement of matter and meaning.* Duke University Press.

Heidegger, M.(1954). *Die Frage nach der Technik.* 박찬국 외 옮김(2008). 《강연과 논문》. 이학사.

Kimchi and Chips(2017). 〈Halo〉. https://www.kimchiandchips.com/works/halo/

Latour, B.(2005). *Reassembling the Social: An Introduction to Actor-Network-Theory.* Oxford University Press.

Manovich, L.(2021). Indeterminacy, Score, Performance: About Halo installation by Kimchi & Chips. Multiverse.

06
곤충 감각의 번역 : 〈폴리네이터 패스메이커〉

〈폴리네이터 패스메이커〉는 알고리즘을 통해 꽃가루받이 곤충들의 행동 패턴과 생태적 필요를 분석하여 곤충 친화적 정원을 조성하는 작품이다. 인간의 눈에는 무질서해 보이지만, 벌에게는 연중 꿀을 얻을 수 있고 나비에게는 생존에 최적화된 공간이 펼쳐진다. 인간 중심의 미적 기준을 벗어나 곤충의 관점에서 공간을 재구성함으로써, 기술이 다종 공존의 새로운 가능성을 열어 준다.

AI와 민주주의?

벌의 감각 세계로 들어가기

우리는 우리 인간의 시각적 경험을 세상의 유일한 기준으로 여기기 쉽다. 하지만 곤충들은 우리와는 전혀 다르게 세상을 본다. 꿀벌의 경우, 수천 개의 겹눈으로 해상도는 낮지만 빠르게 움직이는 물체를 감지할 수 있고, 자외선을 볼 수 있어 꽃잎에 숨겨진 복잡한 무늬나 꿀샘 표시를 따라 꽃가루를 찾을 수 있다. 우리 눈에는 같은 색으로 보이는 두 꽃이 벌이나 나비에게는 전혀 다른 색 혹은 음영으로 보인다.

움직일 수 없는 식물들은 번식을 위해 꽃가루받이 곤충들의 도움이 필요하다. 벌, 나비, 나방, 딱정벌레 등의 곤충이 꿀과 꽃가루를 섭취하는 동안 이들 몸에 묻은 꽃가루가 다른 꽃으로 옮겨져 수분이 이루어진다. 이 과정에서 식물들은 꽃가루받이 곤충을 유인하기 위해 화려한 색깔, 독특한 무늬, 모양, 향기, 그리고 달콤한 꿀을 발달시켜 왔다. 지난 1억 년 이상 식물과 이들 곤충은 이렇게 서로 의존하며 함께 진화해 왔다.

하지만 현재 이 꽃가루받이 곤충들이 빠르게 사라지고 있다. 지난 30년간 전 세계 곤충 개체 수는 최대 25%가 감소했고, 독일에서는 지난 25년간 무려 75%가 사라졌다(Pollinator Pathmaker). 우리가 흔히 떠올리는 꿀벌, 나비, 나방 외에도 전 세계에는 수천 종의 꽃가루받이 곤충들이 저마다의 먹이 섭취 방식으로 식물과 관계를 맺고 있다. 긴밀하게 얽힌 관계에서 특정 꽃가루받이 종이 사라지면, 그와 함께 살아온 식물도 생존 위기에 처한다.

이 꽃가루받이 곤충들의 급격한 감소는 현재 인류가 직면한 '여섯 번째 대멸종(The Sixth Mass Extinction)'의 대표적 징후 중 하나다. 여섯 번째 대멸종은 지구 역사상 가장 빠른 속도로 진행되는 생물 종의 대량 소멸을 의미한다. 이전 다섯 차례의 대멸종과 달리 이번 위기는 주로 인간의 활동—서식지 파괴, 화석 연료 사용, 오염 등—으로 인해 발생하고 있다고 여겨진다(Kolbert, 2014/2022). 인간 활동으로 촉발된 이 전례 없는 생물 다양성의 위기에 대응하여 디자이너 알렉산드라 데이지 긴즈버그(Alexandra Daisy Ginsberg)는 〈폴리네이터 패스메이커〉(2021)를 구상했다.

곤충의 필요를 학습하는 AI

꽃은 자신의 번식을 위해 꽃가루받이 곤충을 유인하고, 곤충들은 각자 고유한 방식으로 식물의 수분을 돕는다. 그렇다면 정원을 조성할 때, 인간의 미적 기준이 아니라 곤충들의 감각과 필요에 맞춰 설계되어야 하지 않을까? 이러한 발상을 구현한 첫 번째 시도가 바로 2021년 영국 콘월에서 시작된 〈폴리네이터 패스메이커〉다(2022년에는 런던 켄싱턴 가든스의 서펜타인 갤러리 에디션이, 2023년에는 베를린 자연사박물관 앞마당에 LAS 에디션이 조성되었다).

그렇다면 어떻게 인간이 전혀 다른 감각 체계를 가진 곤충들의 필요를 이해하고 이를 공간에 구현할 수 있을까? 이 프로젝트의 핵심 도구는 AI 기반 정원 설계 알고리즘이다. 원예학자, 곤충 전문가, AI 전문가로 구성된 긴즈버그의 팀은 명확한 목표를 설정했다. 바로 '최대한 많은' 곤충 종을 지원할 수 있는 정원을 조성하는 것이다.

"공감 알고리즘(empathy algorithm)" 또는 "이타적 알고리즘(altruistic algorithm)"이라 불리는 이 시스템의 작동 방식은 이렇다. 기존 연구를 바탕으로 지역별 식물 데이터베이스를 구축한다. 여기에는 개화 시기, 색깔, 꽃 형태, 토양 조건 등이 모두 포함된다. 동시에 벌의 비행경로는 어떻게 되는지, 딱정벌레는 어떤 방식으로 꽃을 탐색하는지 등 각 곤충 종의 행동 특성을 파악한다. 이 모든 데이터를 바탕으로 AI는 다종의 곤충들에게 최대 이익이 돌아가는 최적의 식물 조합과 배치를 계산한다. 이 시스템은 서로 다른 곤충 종들의 요구사항을 동시에 만족시키면서, 계절 전반에 걸쳐 지속적으로 이들을 지원할 수 있는 설계를 제안한다. 이른바 생태적 관점에서 '공동 최대 가치'를 구현하는 셈이다.

55×23 미터의 콘윌 정원에는 알고리즘의 제안으로 64종 7000개의 식물이 선택되어 전략적으로 배치되었다. 벌의 화분 선호도는 식물 종 선택에, 나비의 서식지 요구사항은 공간 배치에, 그리고 계절 변화와 같은 환경 변수는 개화 스케줄에 각각 반영되었다. 이렇게 설계된 이 정원은 꽃가루받이 곤충에게는 연중무휴의 뷔페 테이블이 되는 것이다.

〈폴리네이터 패스메이커〉는 인간이 비인간 자연의 세계로 들어가는 시도다. 이 작품의 핵심에는 생물학자 윅스퀼의 둘레 세계(Umwelt) 개념이 있다(Uexküll, 1934/2012). 둘레 세계란 특정 유기체가 자신만의 감각과 인식 체계를 통해 '주관적'으로 구성하는 '고유한 세계'를 말한다. 같은 꽃밭에서도 꿀벌은 자외선 무늬를 보고, 나비는 다른 색깔을 인식하며, 딱정벌레는 또 다른 방식으로 환경을 파악한다. 동일한 공간이지만 각자 전혀 다른 세계에서 살고 있는 셈이다.

AI는 바로 이 서로 다른 감각 세계들을 학습하고 통합하는 역할을 한다. 각 곤충 종의 고유한 환경 인식 방식을 파악해, 이들이 모두 함께 번영할 수 있는 공간을 설계하는 것이다.

기이한 친척(oddkin) 만들기

〈폴리네이터 패스메이커〉의 정원은 인간의 눈에 혼란스럽게 보일 수 있다. 키가 크고 작은 식물들이 무작위로 섞여 있는가 하면, 파격적인 색채 대비가 곳곳에 나타난다. 개화 시기가 서로 다른 종들도 복잡하게 얽혀 있다. 이 모든 것이 우리가 아는 전통적인 정원과는 다른 풍경이다. 기존 정원 설계는 대칭적 배치나 색채의 조화 등 인간의 시각적 즐거움을 최우선으로 고려했지만, 이 작품은 이러한 인간 중심적 접근을 근본적으로 거부한다. 인간에게는 무질서로 보이지만, 벌에게는 일년 내내 꿀을 얻을 수 있는 시간적 리듬과, 나비에게는 애벌레와 성충이 모두 생존할 수 있는 환경이 구현된다.

꽃가루받이 곤충의 필요를 우선시하는 이 접근은 혈연을 넘어 다종적 관계를 모색하는 해러웨이의 "친척 만들기(Making Kin)"의 비전과 맞닿는다. 《트러블과 함께하기: 자식이 아니라 친척을 만들자(Staying with the Trouble: Making Kin in the Chthulucene)》(2016/2021)

에서 해러웨이는 우리가 함께 책임져야 할 현실 속에서 인간과 다른 생물들이 서로 돌보며 살아가는 새로운 관계를 만들어야 한다고 주장했다. 이 관계는 낯설지만 얽혀 있는 존재인 "기이한 친척(oddkin)" 만들기다.

꽃가루받이 곤충을 우리의 친척이라고 여기는 발상은 낯설지만, 한편으로는 전혀 비현실적인 것도 아니다. 개체 수 급감 위기에 처해 있는 곤충의 위기는 식물의 위기요, 동시에 우리 인간의 위기이기도 하기 때문이다. 우리는 함께 살아남거나 아니면 함께 멸망하거나 둘 중 하나다. 해러웨이가 말한 '인간과 비인간이 함께 얽혀 있는 상호 돌봄과 책임의 친족 관계'가 바로 이 〈폴리네이터 패스메이커〉에서 기술을 통해 구현되고 있다.

대규모 커미션 프로젝트와 더불어, 실제로 정원을 가진 사람이라면 누구나 자신만의 곤충 친화적 정원을 구현할 수 있다. Google Arts & Culture와 협업하여 제작된 pollinator.art 웹사이트에서 온라인 도구인 '나만의 정원을 만드세요(Create my Garden)'를 활용하면 된다. 도구 상자의 단계에 따라 정원 조건을 입력하면, 복잡한 생태학 지식이 없어도 알고리즘이 각자의 공간과 조건에 맞는 최적의 식물 조합을 제안해 준다. 긴즈버그가 직접 그린 450점의 식물 일러스트레이션을 바탕으로 계절

별 3D 정원이 구현되면, 폴리네이터 비전 필터로 곤충의 시각 세계를 체험해 볼 수도 있다. 이 필터는 곤충의 색깔 인식 스펙트럼을 적용하여, 자외선 영역은 포함하고 적색은 제외한 곤충의 시각 세계를 시뮬레이션한다.

긴즈버그는 이 프로젝트를 블록체인 기반 디지털 아트와 대조시키며 "반NFT(anti-NFT)"라고 표현하기도 했다(Schwarz, 2023). NFT가 대체 불가능성을 통해 희소성과 소유에서 가치를 찾는다면, 〈폴리네이터 패스메이커〉의 알고리즘은 자유롭고 광범위하게 공유되어야 한다는 것이다. 누구나 무료로 사용할 수 있는 이 도구를 통해 전 세계 곳곳에 곤충을 위한 정원이 만들어질 수 있다.

다종 공존의 상상

"저는 꽃가루받이 곤충을 위한 예술 작품을 만들고 싶었지, 그들에 대한 예술 작품을 만들고 싶었던 게 아닙니다. … 생태 위기 속에서 예술은 어떻게 유용할 수 있을까요?" 이러한 질문을 통해 탄생한 〈폴리네이터 패스메이커〉는 다음과 같은 시사점을 가진다.

첫째, 상호 의존적 생태계에 대한 인식이다. 이 작품은 멸종 위기의 꽃가루받이 곤충들을 위한 프로젝트이지만, 이는 곤충만을 위한 것이 아니다. 수분 매개자가 사라지면 식물은 번식하고 씨앗을 만들 수 없게 된다. 씨앗이 없으면 우리가 의지하는 나무, 꽃, 식량은 존재할 수 없게 돼, 결국 생태계 전체가 무너져 인간의 생존도 위협받는다는 순환적 관계를 인식하게 해 준다.

둘째, 기술을 통한 다른 종의 관점 체험이다. AI 알고리즘이 각 곤충 종의 행동 패턴과 생태적 필요를 분석하여 그들에게 최적화된 공간을 설계함으로써, 우리는 기존의 인간 중심적 정원 개념을 벗어나 곤충의 관점에서 공간을 바라보게 된다. 이 과정에서 인간-자연 위계 관계에 대해 새롭게 질문하며 인간 중심적 사고를 재고할 수 있는 계기를 마련할 수 있다.

셋째, 생물 다양성 회복을 위한 개인 차원의 생태적 실천을 유도한다. 거대한 정책 변화나 기술적 해결책을 기다리는 대신, 다른 종들과 친척이 되고, 그들과 정원을 공유하는 생태 복원 실천에 직접 참여할 수 있다.

결국 이 작품이 제시하는 것은 기술-자연-인간의 새로운 모델이다. 지배와 통제가 아닌 상호 돌봄과 공생을 기반으로 한 관계, 인간의 필요만이 아니라 다종적 번영을 추구하는 관계다. 여기서 AI 기술은 번역자이자 매개자로서, 인간과 비인간이 함께 살아가는 새로운 관계를 구체적으로 실현한다.

참고문헌

Haraway, D. J.(2016). *Staying with the Trouble: Making Kin in the Chthulucene*. 최유미 옮김(2021). 《트러블과 함께하기: 자식이 아니라 친척을 만들자》. 마농지.

Kolbert, E.(2014). *The Sixth Extinction: An Unnatural History*. 김보영 옮김(2022). 《여섯 번째 대멸종》. 쌤앤파커스.

LAS Art Foundation(2023). Pollinator Pathmaker. https://www.las-art.foundation/programme/pollinator-pathmaker

Morris, S.(2021.11.3.). Art for bees: 'mad-looking' installation suits pollinators' tastes. The Guardian.

Pollinator Pathmaker. https://www.pollinator.art/

Schwarz, G.(2023.7.14.). Flower power. Outland. https://outland.art/alexandra-daisy-ginsberg/

Serpentine Galleries.(2022). Pollinator Pathmaker. https://www.serpentinegalleries.org/whats-on/alexandra-daisy-ginsberg-pollinator-pathmaker/

Uexküll, J. von.(1934). *A Foray into the Worlds of Animals and Humans*. 정지은 옮김(2012). 《동물들의 세계와 인간의 세계》. 도서출판b.

07
누에와의 협업 : 〈실크 파빌리온 II〉

〈실크 파빌리온 II〉는 인간, AI, 누에가 함께 만드는 건축 프로젝트다. AI 기술은 누에의 행동 패턴을 분석하고 예측하여 협업의 조건을 만든다. 누에를 죽이지 않는 윤리적 생산 방식을 실천하면서도 예측 불가능한 아름다움이 창발하는 이 프로젝트는 비인간과의 공동 창작이라는 새로운 건축 가능성을 보여 준다.

AI와 애니메이션?

누가 집을 짓는가?

2020년 뉴욕 현대미술관(MoMA)의 한 전시에 높이 6미터, 너비 5미터에 이르는 반투명 구조물이 모습을 드러냈다. 건축가는 따로 없다. 이는 MIT 미디어랩의 매개물질그룹(Mediated Matter Group) 연구진, 그리고 이탈리아의 테올로(Teolo) 양잠장에서 온 1만 7532마리 누에가 약 열흘에 걸쳐 공동으로 창작한 결과물이다(Oxman, 2020).

기존 양잠업은 동물 복지 · 동물권 활동가들의 비판을 받아 왔다. 누에고치에서 실크를 뽑아내는 과정에서 누에를 죽여야만 하기 때문이다. 고치의 실은 '세리신(sericin)'이라는 끈적한 단백질로 코팅되어 층층이 달라붙어 있는데 이를 그대로 두면 한 가닥씩 풀어낼 수가 없다. 그래서 실크 공장에서는 고치를 뜨거운 물속에 넣어 실 층들을 느슨하게 만든 뒤, 안에서부터 한 줄짜리 실을 매끄럽게 뽑아내는 것이다. 이렇게 누에를 죽게 하는 실크 공정 방식은 수천 년 동안 이어져 왔다. 우리가 흔히 보는 실크 스카프 하나(약 50g)를 만들기 위해서도 300여 마리의 누에가 죽게 되고, 실크 잠옷 한 벌에는 무려 1000마리가 넘는 누에의 생명이 필요하다. 하지만 이 〈실크 파빌리온 Ⅱ〉에서는 누에를 죽이지 않고 실을 뽑아 멋진 구조물을 완성할 수 있었다. 이것이 어떻게 가능했을까?

협업을 설계하는 알고리즘

우리가 흔히 알고 있듯이, 누에는 자기 몸을 둘러싼 타원 모양의 고치(cocoon)를 만든다. MIT 연구팀은 누에의 고치 제작 과정을 면밀히 관찰한 끝에 누에들이 밝은 곳보다는 어둡고 서늘한 구역에서 더 활발히 실을 뽑고, 온도와 습도에 따라 실의 밀도가 달라진다는 점을 발견했다. 연구팀은 이런 누에의 자연스러운 행동 패턴을 알고리즘으로 분석하여, 누에가 실을 뽑을 경로를 예측하고, 고치 대신 평면 시트 위에 실을 뽑도록 유도하는 구조물을 설계했다.

이 구조물은 세 겹의 층으로 이루어져 있다. 가장 안쪽은 강철 와이어 로프로 짜인 뼈대, 중간층은 누에를 배치하기 위해 놓은 직물(패브릭) 스캐폴드 그리고 가장 바깥의 층이 누에가 직접 뽑아낸 실크 레이어다.

이 전체 구조가 천천히 시계 방향으로 회전하게 되면, 누에들은 자연스럽게 계속 위쪽으로 기어오르며 실을 뽑는다. 회전 구조 덕분에 누에가 한 자리에 고치를 짓지 않고 이동하며 실을 방사하게 되면서, 고치 대신 평면의

패브릭이 형성된다. 이 방식은 누에를 삶아 죽이지 않고도 비단 구조물을 얻을 수 있게 한다.

이때 AI 기술은 살아 있는 생명체의 자율적인 행동을 예측하는 역할을 한다. 먼저 센서와 비디오 추적 시스템을 통해 누에의 움직임을 감지하고 기록한다. 그리고 AI 기반 알고리즘은 빛과 온도 등 복잡한 환경 조건이 누에의 움직임과 실크 퇴적에 미치는 영향을 분석해 데이터화한다. 이를 토대로 시뮬레이션을 수행하여 누에의 정적, 단계적, 연속적 이동 패턴이 실 퇴적에 어떤 영향을 주는지 반영한 섬유 밀도 지도를 생성한다. 즉, 어디에 실이 얼마나 쌓일지 예측하는 것이다. 이 밀도 지도는 다시 로봇 팔의 좌표로 변환되어 가이드 실을 배치하는 데 사용되었고, 누에들은 미리 짜인 이 구조를 따라 자신들의 특성대로 실을 뽑아 빈틈을 메우며 3차원 파빌리온을 완성한다.

누에가 실을 뽑는 동안에는 적외선 레이저 레인지파인더를 활용한 실시간 3D 포인트 클라우드 스캐닝 시스템으로 누에의 위치 변화, 경로, 실의 방향을 실시간으로 기록한다. 1만 7532마리의 누에가 실을 뽑아가면서 파빌리온의 형태가 변화하는 과정을 실시간으로 추적하고, 실크 층이 쌓여가는 두께와 밀도 변화를 정밀하게 모니터링하는 것이다. 이렇게 수집된 데이터는 이후 더 정교한 경로 유도와 구조 설계에 활용된다. 행동 분석, 예측 모델링, 실시간 센싱, 로봇 제어를 통합한 AI 시스템은 누에라는 비인간 생명체의 행동을 관찰, 해석, 조율하여 인간과 누에가 각자의 특성을 살리면서 함께 건축물을 만들어갈 수 있도록 한다.

예측 불가능한 아름다움

결과는 예측할 수 없는 아름다움이었다. 10일 동안 구조물을 1만 5000번 회전해 누에들이 생산한 실의 길이는 지구 직경에 버금가는 약 1만 1652km에 달했다. 누에에게 전적으로 맡긴 짓기의 결과는 인간도 AI도 정확히 예측할 수 없는 것이었다. 표면마다 광 투과율, 통기성, 강도가 다른 실크 레이어가 형성됐다. 이 때문에 디테일 측면에서 더욱 놀라운 창조물이 탄생할 수 있었다.

파빌리온 내부에서 가장 먼저 느껴지는 것은 온도와 빛의 미묘한 변화다. 실크 층은 두께가 균일하지 않게 쌓여, 어떤 곳에서는 햇빛의 강한 스폿을 만들고, 다른 곳에서는 그늘이나 산란광이 비춰진다. '숨 쉬는' 통풍 효과는 흥미롭게도 누에의 배설물이 기저층 실과 화학 반응을 일으켜 자연스럽게 생긴 구멍 덕분이다. 이 구멍들은 공기와 빛의 통과를 가능하게 할 뿐 아니라, 구조적 응력을 자연스럽게 완화하는 역할을 한다. 이러한 구멍들은 설계에 의해 의도된 것이자, 동시에 누에의 생태적 상호작용이 맞물려 만들어 낸 결과라고 할 수 있다.

무엇보다 의미 있는 점은 어느 한 마리의 생명도 실크 생산을 위해 희생되지 않았다는 사실이다. 이미 2013년 첫 번째 시도인 〈실크 파빌리온 I〉에서도 연구팀은 이 윤리적 원칙을 실천했다. 당시 연구팀은 누에들의 실 분비량이 줄어든 뒤에도 이들이 생명 주기를 이어갈 수 있도록 상당수를 그대로 두었다. 누에들은 번데기 단계로 들어가 약 10~14일 뒤 실크 나방(Bombyx mori)으로 우화했고, 연구팀은 구조물 표면에 작은 틈을 내어 성충이 스스로 날아 나오도록 했다. 나방이 된 누에들은 약 150만 개에 달하는 알을 낳았는데, 이는 파빌리온 약 250개를 추가로 지을 수 있는 규모였다(Antonelli, 2020). 〈실크 파빌리온 Ⅱ〉에서도 이러한 원칙은 그대로 이어진다. 파빌리온이 완성된 뒤에도 협업자인 곤충이 스스로 생애를 이어갈 수 있도록 전 과정이 설계되어 있다.

세 가지 전환

〈실크 파빌리온 Ⅱ〉에서는 누에의 방사 능력, 인간의 설계 의도, AI의 조율 기능이 결합되어, 생명체를 희생시키지 않는 새로운 건축적 가능성이 구현되었고, 그 누구도 예측할 수 없었던 독특한 아름다움이 창발했다. 이 프로젝트는 다음의 세 가지 핵심적 전환을 보여 준다.

첫째, 제작 패러다임의 전환이다. 기존 건축이 인간의 목적에 따라 미리 설계되고 재료를 가공해 구축하는 일방적 과정이었다면, 〈실크 파빌리온 Ⅱ〉에서는 기계적 제작과 자연적 생성을 결합하여 인간과 누에가 함께 건축물을 완성하는 새로운 협업 모델을 구현했다. 바로 '짓는 것(building)'과 '자라는 것(growing)'의 경계가 허물어졌다. 기술은 서로 소통이 불가능한 이 둘 사이의 매개 역할을 했다.

둘째, 윤리적 생산 방식으로의 전환이다. 수천 년간 이어져 온 실크 생산은 누에의 희생을 전제로 했다. 그러나 〈실크 파빌리온 Ⅱ〉는 누에를 죽이지 않고도 구조물을 완성함으로써 전통적인 자원 채취와 소비의 논리를 뒤집었다. 누에는 건축 과정 이후에도 자연스럽게 변태하여 생명 주기를 지속할 수 있었다. 생명체를 소모적 자원이 아니라 존중받아야 할 협업자로 대하는 것, 이것이 이 작품이 실천하는 윤리적 전환이다.

셋째, 자연에 대한 인식의 전환이다. 이 작은 누에들

은 단순한 직조 도구에 머무르지 않는다. 이들은 스스로 움직임과 방사 위치를 결정하며, 인간이 온전히 예측할 수 없는 결과를 만들어 내는 '공동 디자이너'의 역할을 했다. 이 작품은 인간이 완전히 통제할 수 없는 누에의 놀라운 제작 능력을 감각적으로 체험하게 하여, 우리가 간과했던 비인간 생명체의 창조적 잠재력을 새롭게 인식하게 만든다.

참고문헌

전영백(2024). "인류세 위기 속 건축 패러다임의 전환과 브뤼노 라투르의 행위자네트워크 미학". 《미술사학》, 47, 239~275쪽.

Antonelli, P.(2020). *The Neri Oxman: Material Ecology Catalogue*. MoMA.

Myers, W.(2015). *Bio Art: Altered Realities*. Thames & Hudson.

Oxman, N.(2020). 〈Silk Pavilion II〉. https://oxman.com/projects/silk-pavilion-ii

08
얽힘의 시대: 창조성의 크렙스 순환

〈헤일로〉, 〈폴리네이터 패스메이커〉, 〈실크 파빌리온 II〉와 같은 혁신이 어떻게 가능했을까? 세 프로젝트를 자세히 보면 공통점이 발견된다. 과학적 탐구, 공학적 구현, 디자인적 사고, 예술적 질문이 독립적으로 작동하지 않고 순환하며 서로를 증폭시켰다는 것이다. 이러한 학제 간 순환 메커니즘을 이해하기 위해 '창조성의 크렙스 순환' 개념을 살펴본다.

AI와 인재 채용?

흥미로운 공통점

〈헤일로〉, 〈폴리네이터 패스메이커〉, 〈실크 파빌리온 Ⅱ〉는 인간-기술-자연이 발견, 번역, 협력의 방식으로 새롭게 관계 맺는 사례들이다. 이러한 혁신적인 프로젝트들이 과연 어떻게 가능했을까?

세 사례를 자세히 들여다보면 흥미로운 공통점을 발견할 수 있다. 이들은 모두 과학적 탐구, 공학적 구현, 디자인적 사고, 예술적 질문이라는 네 가지 활동이 분리되지 않고 선후 구분 없이 순환하며 서로를 증폭시키는 방식으로 탄생했다. 이는 우연이 아니다. 인간-기술-자연의 새로운 관계는 단일 분야의 접근으로는 구현될 수 없기 때문이다.

자연을 다시 상상한다는 것은 자연에 대한 과학적 이해, 자연과 상호작용하는 기술의 공학적 구현, 그 만남을 경험으로 빚어내는 디자인적 사고, 그리고 인간-자연 관계에 대해 근본적으로 질문하는 예술적 성찰이 함께 작동할 때 비로소 가능해진다. 이러한 학제 간 순환 구조는 '창조성의 크렙스 순환'이라는 틀을 통해 더 명확히 드러난다. 이는 인간-기술-자연의 관계를 재구성하는 하나의 생산적인 접근이 될 수 있다.

창조성의 크렙스 순환

창조성의 크렙스 순환(Krebs Cycle of Creativity, KCC)은 2016년 네리 옥스만이 《저널 오브 디자인 앤 사이언스(Journal of Design and Science)》에서 제시한 모델이다(Oxman, 2016). 세포가 에너지를 생성하기 위한 생화학적 대사 회로인 크렙스 사이클에 빗대어 창조적 에너지(CreATP)의 순환을 설명한 것이다. 이 모델은 지식은 특정 학문 영역에만 속하지 않으며, 모든 영역이 얽혀 있다는 관점을 바탕으로, 인간 창조성의 네 가지 양식인 과학, 공학, 디자인, 예술 사이의 관계를 제시했다.

이 모델에서 각 영역은 고유한 역할을 수행하면서도 서로 연결되어 있다. 과학(Science)은 정보를 지식으로 변환해, 세계를 설명하고 예측한다. 공학(Engineering)은 그 지식을 실용적 해결책으로 전환한다. 디자인(Design)은 해결책을 인간 행동과 경험 속 구체물로 구현한다. 예술(Art)은 인간의 행동에 대해 질문하고 세상에 대한 새로운 인식을 창조한다.

이 네 영역은 서로를 호출하고 순환하며 변화를 일으키는 하나의 고리다. 순환의 정점에서 모든 사일로(silo)들은 다시 정보의 판게아(Pangea)로 융합한다. 여기서 사일로는 서로 소통하지 않는 각각의 전문 분야를 의미하며, 판게아는 모든 대륙이 하나로 연결되어 있던 초대륙을 가리킨다. 즉, 분리되었던 영역들이 다시 하나의 통합된 지식 대륙으로 합쳐진다는 뜻이다. 옥스만은 예술과 과학이 만나는 이 순간을 "신데렐라 순간"이라 불렀는데, 이는 예술에서 솟아난 통찰이 곧바로 새로운 과학적 탐구의 출발점이 되는 것을 의미한다.

세 작품에서 드러나는 순환 구조

우리가 살펴본 세 가지 프로젝트는 모두 창조성의 크렙스 순환이 제안하는 상호작용과 순환 구조를 보여 주는 흥미로운 사례들이다. 특히 각 프로젝트가 서로 다른 영역에서 출발했지만, 모두 동일한 순환 구조를 거쳐 인간-기술-자연의 새로운 관계를 구현해 냈다는 점에 주목할 필요가 있다. 이는 창조성이 특정 분야에 국한되지 않고, 어떤 영역에서든 시작하여 다른 영역들로 자유롭게 확장될 수 있음을 보여 준다.

〈헤일로〉는 "허공에 그림 그리기(Drawing in the Air)"라는 예술적 질문에서 출발했다. 이 질문은 곧 태양의 궤적에 대한 과학적(천문학, 수학) 탐구를 촉발했고, 헬리오스탯과 분무기를 정밀 제어하는 공학적 구현을 통해, 비가시적 자연을 현실세계에 가시화하는 디자인으로 실현되었다. 완성된 작품은 다시 "자연과 기술, 인간의 경계는 과연 어디에 있는가?"와 같은 새로운 예술적 질문을 제기한다.

〈폴리네이터 패스메이커〉는 2020년 봄, 긴스버그가 "생태 위기에 대한 인식을 높이기 위한 조각을 디자인해 달라"는 요청을 받으면서 시작되었다. 환경 문제에 대한 디자인 과제로 시작된 이 프로젝트는 "우리는 벌의 시선에서 세상을 볼 수 있을까?"라는 예술적 질문으로 이어졌다. 이 질문은 꽃가루받이 곤충들의 지각 방식, 비행 궤적, 선호 식물을 분석하는 데 대한 과학적 연구로 이어지고, "이타적 알고리즘(altruism algorithm)"이라는 공학적 도구를 통해 구현되었다.

〈실크 파빌리온 Ⅱ〉는 누에의 행동 패턴과 환경의 상관관계에 대한 과학적 호기심에서 출발했다. 연구팀은 먼저 누에의 이동 동선과 방사 리듬을 정밀 기록하고, 그 데이터를 학습시켜 회전 플랫폼, 조명, 온도를 자동 제어하는 장치를 설계했다. 이 과정 중에는 "인간과 다른 종이 진정한 의미에서 함께 건축할 수 있을까?"라는 예술적 성찰이 이어졌고 구축된 시스템 안에서 1만 7000여 마리 누에가 실을 뽑아 올린 결과, 높이 6m의 반투명 구조물이 완성되었다. 이 성과는 다종의 협력 메커니즘에 대한 새로운 탐구 과제로 이어진다.

출발점은 제각각이지만 세 사례 모두 과학, 공학, 디자인, 예술이 서로를 촉발하고 강화하는 순환 구조를 통해 혁신이 가능했던 것이다. 중요한 것은 각 영역이 고유한 역할을 수행하면서 다음 단계의 창조적 에너지를 제공해 전체 흐름에 기여한다는 점이다.

전문화가 가져온 세 가지 한계

근대 계몽주의 이후 우리는 전문화의 논리에 따라 각 분야를 독립적으로 발전시켜 왔다. 이러한 분리는 각 분야의 전문적 깊이를 가져다준 대신, 동시에 세 가지 한계를 드러냈다.

첫째, 학문 간 소통의 단절이 나타났다. 각 분야가 자신만의 언어와 방법론을 발전시키면서 서로 다른 분야와의 소통에 장벽이 생겨났다. 과학자가 예술가의 직관을 이해하기 어렵고, 예술가가 공학자의 기술적 제약을 받아들이기 어려운 경우가 생긴다.

둘째, 진정한 혁신 창출의 어려움이다. 혁신은 종종 서로 다른 분야들이 만나는 경계에서 일어나지만, 분리된 체계에서는 이러한 만남을 우연에 의존할 수밖에 없다.

셋째, 복잡한 문제 해결의 한계가 드러났다. 기후 변

화, 생태계 파괴, 사회적 불평등 같은 현대의 복합적 난제(wicked problems)들은 단일 분야의 접근으로는 해결할 수 없다. 이들은 과학적 이해, 기술적 구현, 디자인적 사고, 예술적 상상력이 모두 필요한 문제들이다.

20세기 초, 아인슈타인의 상대성 이론이 물리적 시공간 개념을 뒤엎었고, 피카소는 큐비즘으로 공간과 시간의 감각을 해체했다. 서로 다른 분야에서 동시대에 같은 질문이 터져 나온 것이다. 지식은 더 이상 특정 학문적 경계 내에서만 귀속되거나 생산되지 않는다.

얽힘을 통한 혁신

이 책이 창조성의 크렙스 순환을 호출하는 이유는 단순히 학제 간 융합의 가치를 강조하기 위해서가 아니다. 인간-기술-자연의 새로운 관계는 단일 분야의 접근으로는 구현될 수 없기 때문이다. 경계가 만나는 신데렐라의 순간에 혁신적 통찰이 솟아난다. 자연을 다시 상상한다는 것은 결국 이 네 영역이 자연을 향해 함께 질문하고, 함께 응답하는 과정이기도 하다.

지속가능한 미래를 위한 해결책은 이러한 네 영역의 역동적 상호작용과 순환, 즉 창조적 얽힘을 통해 나타날 것이다. 생태계의 복잡한 상호작용에 대한 과학적 연구가 자연과 협력하는 기술의 공학적 개발을 이끌고, 이것이 다른 종의 필요를 고려하는 디자인으로 구현되며, 이는 다시 인간과 자연의 관계에 대한 예술적 성찰을 통해 새로운 질문을 만들어 낼 것이다. 이러한 학제 간 순환을 통해 우리는 인간-자연-기술 간의 새로운 공존 관계를 구체적으로 모색할 수 있다.

참고문헌

Kimchi and Chips(2017). 〈Halo〉. https://www.kimchiandchips.com/works/halo/

Oxman, N.(2016). Age of Entanglement. Journal of Design and Science. https://doi.org/10.21428/7e0583ad

Oxman, N.(2020). 〈Silk Pavilion II〉. https://oxman.com/projects/silk-pavilion-ii

Pollinator Pathmaker. https://www.pollinator.art/

09
AI 시대의 세미오시스

우리는 오랫동안 의미 생성을 인간의 전유물로 여겨 왔다. 기계는 신호를 처리할 뿐, 진정한 의미는 인간의 해석을 통해서만 나온다고 믿었다. 하지만 AI가 학습하고, 패턴을 발견하며, 예측 불가능한 결과를 만들어 낼 때, 과연 이것을 단순한 계산이라고만 할 수 있을까? 이 장에서는 기호학의 관점에서 AI의 의미 생성 과정을 탐구하고, 인간-AI 공동 세미오시스의 가능성을 검토한다.

AI와 기자?

기계가 의미를 만들 수 있는가

우리는 오랫동안 의미 생성을 인간의 전유물로 여겨 왔다. 동물이나 식물, 그리고 기계는 그저 신호를 주고받을 뿐, 진정한 의미는 인간의 해석을 통해 나온다고 생각한 것이다. 실제로 주류 기호학의 실천 역시 해석 주체를 인간으로 전제하고 언어, 텍스트, 문화 생산물 중심으로 발전해 왔다. 이러한 의미 작용이 인간만의 고유한 능력이라는 관점은 근대 서구 철학이 전제한 주체-객체 이분법을 반영한다. 인간은 능동적으로 의미를 해석하는 주체이고, 자연과 사물은 의미를 부여받는 수동적 객체인 것이다. 하지만 AI 기술의 발전은 이러한 전제를 근본적으로 흔들고 있다. 기계가 대화를 하고 심지어 창작까지 한다면, 과연 의미 생성의 경계를 어디에 두어야 할까?

철학자 찰스 샌더스 퍼스(Charles Sanders Peirce)는 세미오시스를 기호(sign), 대상(object), 해석체(interpretant)의 삼항 관계로 정의했다. 예를 들어 '연기'라는 기호가 '불'이라는 대상을 가리킬 때, 이를 통해 '어딘가에 불이 났구나'라는 해석체가 생성된다. 여기서 해석체는 "적절하고 의미 있는 효과"이자 "(기호 행동)의 산물", "다른 기호에서 온 또 다른 기호"로 이해된다(Liszka, 1996/2019).

여기서 주목할 점은 퍼스가 해석체의 생성을 인간 의식에만 한정하지 않았다는 것이다. 그에 따르면 세미오시스는 규칙적인 반복과 습관을 형성하는 과정에서 나타날 수 있는데, 벌들의 작업, 수정(crystal)의 형성, 그리고 물리적 세계 전반에서 나타난다고까지 설명했다(Peirce, Collected Papers 4.551, 이하 CP로 약칭). 수정의 성장에는 의도적 목적은 없지만, 형태를 반복하는 경향과 같은 습관성이 보인다는 것이다.

또 퍼스는 '유사-정신(quasi-mind)' 이라는 개념으로 의식적 사고를 전제하지 않고도 해석 가능한 효과를 산출하는 체계에 일종의 해석자성을 부여할 여지를 열었다. 이러한 퍼스의 관점은 20세기 중후반에 발전한 동물 기호학(1960년대~)과 생태 기호학(1990년대~) 등 비인간 기호 과정을 탐구하는 분야에 이론적 영감을 제공했으며, 최근에는 AI와 같은 인공적 기계의 기호 처리 과정을 분석하는 데도 활용되고 있다.

유사-세미오시스

그렇다면 기계의 반응을 세미오시스로 볼 수 있을까? 퍼스에게 진정한 기호 작용은 해석체가 새로운 기호로서 생성되는 삼항적 과정이다. 반면 자카드 직기처럼 입력에 따라 결과만 내는 장치는 기계적 인과 반응에 불과하며, 퍼스는 이를 '유사-기호(quasi-sign)'로 구분했다(CP 5.473).

컴퓨터와 로봇의 기호 과정을 연구한 독일의 기호학자 윈프리트 노스(Winfried Nöth)는 기계가 유사-세미오시스(quasi-semiosis)'에는 참여할 수 있으나, 진정한 의미의 기호 작용(genuine semiosis)은 자기 참조(self-reference)와 자기 통제(self-control) 능력을 전제로 한다고 본다. 이것은 생명체와 기계의 결정적인 차이를 나타낸다.

자기 통제란 입력에 전적으로 끌려가지 않고, 자기 목표와 규칙을 스스로 점검, 수정하는 능력이다. 생명체는 자기 안의 규칙과 목적으로 스스로를 조정하지만, 기계의 기호 처리는 타자 참조적(alloreferential)이어서 완전한 세미오시스에 닿지 못하고, 유사-세미오시스에 머문다는 것이다(Nöth, 2001; 2002).

학습하는 AI

그런데 AI는 전통적 기계와 달리, 학습을 통해 자기 해석 규칙을 자체적으로 구성한다. 예를 들어, 2012년 구글 브레인 팀의 실험은 이를 잘 보여 준다. 연구팀이 유튜브

영상 프레임 1000만 장을 비지도 학습(Unsupervised Learning)에 넣었을 때, 연구자들이 미리 라벨을 지정하지 않았음에도 신경망이 '고양이'에 대응하는 표상을 스스로 형성했다(Le et al., 2012). 그러나 이것이 곧 진정한 세미오시스를 의미하는 것은 아니다. 이 표상은 인간처럼 맥락을 동반한 '해석된 의미'라기보다 고차원 벡터 공간의 밀집 군집에 가깝다. 즉, 패턴의 흔적은 생겼지만 그것이 '무엇에 관한 것인지'(의미)를 확정하는 일은 여전히 인간이 담당한다.

체화된 AI에서는 이러한 학습 능력이 퍼스적 개념과 더 가깝게 작동한다. 로봇은 센서-이펙터로 환경과 상호작용하며 자신이 감지할 수 있는 범위의 '둘레 세계(Umwelt)' 안에서 작동한다(Nöth, 2001). 로봇 내부에는 그 환경을 다루기 위한 내부 지도가 있고, 학습과 시행착오를 겪으며 이 지도를 갱신한다. 이는 이전 경험이 다음 해석을 이끄는 습관으로 축적되는 것이다. 퍼스의 표현대로라면, 해석체가 습관의 형태로 정착하는 과정이라 할 수 있다.

그렇다고 해서 AI가 생명체처럼 자기 목적을 세우고 그에 따라 스스로 기준을 바꾸는 수준에 이르렀다고 말하기는 어렵다. AI에게 최종 목표는 여전히 외부에서 정해지는 경우가 대부분이기 때문이다. 그럼에도 불구하고, 대규모 언어 모델들이 보여 주는 창발적 추론 능력과 맥락적 적응성은 기존의 결정론적 알고리즘과는 질적으로 다른 양상을 보인다는 점에서, 기계적 처리와 의미적 해석 사이의 경계는 이전보다 모호해지고 있다.

인간-AI의 공동 세미오시스 : 분산된 의미 생성

노스는 기계 내부가 아닌 인간-기계 인터페이스에서 진정한 세미오시스가 일어난다고 보았다(Nöth, 2002).

이런 인간-기계 공동 세미오시스의 본질을 이해하는데 퍼스가 1905년에 쓴 잉크스탠드 비유가 도움이 된다.

> 어떤 심리학자가 내 뇌의 한 부분을 잘라낸다. 내가 말을 할 수 없게 되자, 그는 말한다. "보시오, 당신의 언어 능력은 바로 그 뇌엽에 국소화되어 있었습니다." … 하지만 마찬가지로, 만약 그가 내 잉크스탠드를 훔쳐갔다면, 나는 다른 것을 구할 때까지 토론을 계속할 수 없었을 것이다. … 따라서 나의 토론 능력은 내 잉크스탠드에도 똑같이 국소화되어 있는 것이다(CP 7.366, Skagestad 1999에서 재인용).

이 인용에서 퍼스는 뇌와 잉크스탠드를 동등하게 취

급하면서 마음이 뇌 속에서 벌어지는 일로만 환원될 수 없다는 핵심을 드러냈다. 아인슈타인이 종이에 손으로 계산하는 일이 머릿속 계산보다 유리하다는 뜻으로 "내 연필이 나보다 더 똑똑하다"고 했다고 알려진 것도 같은 맥락이다. 마음은 뇌 '안'에만 있는 것이 아니라, 뇌와 외부 도구들이 상호작용하는 관계적 과정에서 나타난다 (Skagestad, 1993).

퍼스의 잉크스탠드가 인간의 사고를 확장하는 도구였다면, AI는 인간의 감각과 해석 능력을 확장하는 도구이기도 하다.

생성형 AI는 입력-출력 사이의 잠재 공간에서 기호들을 재배열하고 우리가 예측하기 어려운 출력을 내놓는다. 자연의 데이터를 학습한 AI가 생태계의 패턴을 분석하고, 다른 종의 행동을 예측하며, 환경 변화의 징후를 포착할 때, 의미를 결정하는 권한은 인간에게서 AI로 부분적으로 분산된다.

이러한 분산은 동시에 새로운 윤리적 문제를 제기한다. 전통적으로 의미 생성 과정에서 책임의 주체는 명확했다. 작가는 자신이 쓴 글에, 예술가는 자신이 만든 작품에 책임을 졌다. 하지만 AI와의 협업에서는 누가 최종 결과물에 대한 책임을 져야 하는가라는 새로운 질문이

등장한다. AI 자체는 의미 생성 과정에 참여하지만 책임질 능력은 없다. 따라서 이제 기계와 함께 어떻게 의미를 만들고, 그 책임을 어떻게 나눌 것인가라는 질문이 제기될 수밖에 없다.

'시 쓰는 기계'의 미래와 인간의 역할

퍼스는 진정한 세미오시스 기계의 가능성을 원칙적으로 배제하지는 않았다. 그러나 그가 살던 시대의 기계들은 여전히 결정론적 계산과 추론 장치 수준에 머물렀다. 그래서 그는 진정 창조적으로 작동하는 세미오시스 기계의 비전을 상상하며 스위프트의 《걸리버 여행기》에 나오는 라가도 학술원을 떠올렸다(Nöth, 2002). 그곳의 "시 쓰는 기계(poetic machine)"는 거대한 격자틀 위의 단어 조각을 마구 뒤섞어 그럴듯한 문장을 골라 책을 지어내는 장치였다.

> 가장 무지한 사람도 합리적인 비용으로, 약간의 육체적 노동만으로 천재성이나 연구의 도움 없이도 철학, 시, 정치, 법, 수학, 신학에 관한 책을 쓸 수 있다(Nöth, 2002 재인용).

스위프트가 풍자한 이 기계는 당시로서는 우스꽝스러

운 허구였다. 무작위로 단어를 뒤섞어 의미 있는 텍스트를 만들어 낸다는 발상 자체가 기계적 창작의 불가능성을 조롱하기 위한 것이었다. 퍼스 역시 이를 기계가 진정한 의미 생성에 도달할 수 없음을 보여 주는 사례로 인용했다. 그런데 놀랍게도 오늘날의 생성형 AI는 이 "시 쓰는 기계"를 실제로 예견한 장면처럼 읽힌다.

물론 오늘날의 AI가 스위프트와 퍼스의 판단을 완전히 뒤집었다고 보기는 어렵다. 그러나 분명한 것은 이 기계가 이미 작동하고 있으며, 놀라운 속도로 진화하고 있다는 사실이다. 그리고 오늘날의 AI는 스위프트가 상상한 것보다 훨씬 넓은 영역에서 작동한다.

AI는 인간의 텍스트뿐 아니라 생태계의 데이터, 다른 종의 행동 패턴, 환경 변화의 징후를 수집하고 분석한다. 우리는 AI 사용 패턴에 길들여지고, AI는 우리의 피드백 데이터로 미세조정된다. 이러한 상호 적응 과정 속에서, 의미 생성은 어느 한쪽의 일이 아니라 인간-AI의 공동 구성으로 이루어진다.

그렇다면 인간의 역할은 무엇인가? AI를 더 효율적으로 사용하는 것이 아니라, AI와 함께 어떤 의미를 만들 것인지 선택하고 판단하는 일이다. AI가 무엇을 생성하든, 그것에 의미를 부여하고 가치를 판단하는 것은 여전히 인간의 몫이다.

이것은 기술적인 문제가 아니라 윤리적, 교육적, 사회적인 문제다. 인간과 AI가 함께 자연의 신호를 해석하는 시대에, 우리는 그 해석이 자연을 향한 지배의 언어가 될 것인지, 공존의 언어가 될 것인지를 지속적으로 성찰해야 한다. AI 시대 세미오시스에서 인간의 역할은 의미의 최종 해석자가 아니라, 의미가 흘러가는 방향을 조율하는 책임 있는 참여자가 되는 것이다.

참고문헌

Le, Q. V. et al.(2012). Building high-level features using large scale unsupervised learning. *Proceedings of the 29th International Conference on Machine Learning.*

Liszka, J. J.(1996). *A General Introduction to the Semiotic of Charles Sanders Peirce.* 이윤희 옮김(2019). 《퍼스 기호학의 이해》. HUINE.

Nöth, W.(1997). Representation in semiotics and in computer science. *Semiotica, 115*(3), pp.203~213.

Nöth, W.(2001). Semiosis and the Umwelt of a robot. *Semiotica, 134*(1), pp.695~699.

Nöth, W.(2002). Semiotic Machines. *Cybernetics & Human Knowing, 9*(1), pp.5~21.

Peirce, C. S.(2006). 김성도 옮김. 《퍼스의 기호사상》. 민음사.

Skagestad, P.(1993). Thinking with machines: Intelligence augmentation, evolutionary epistemology, and semiotic. *Journal of Social and Evolutionary Systems, 16*(2), pp.157~180.

Skagestad, P.(1999). Peirce's Inkstand as an External Embodiment of Mind. *Transactions of the Charles S. Peirce Society, 35*(3), pp.551~561.

10
인간의 자리를 묻다

AI 시대와 인류세가 교차하는 지점에서 인간 중심의 통제 패러다임은 무너졌다. 이제 우리는 인간, 기술, 자연을 서로 동등한 행위자로 인정하고 발견과 번역, 협력을 통한 새로운 관계 맺기를 시작해야 한다. 지배가 아닌 상호 의존적 네트워크 속에서 책임을 분담하는 관계적 존재로서의 인간. 이것이 AI 시대 인간이 찾아야 할 새로운 자리다.

AI와 미래 의사?

이중의 위기 시대

우리는 전례 없는 이중의 위기 시대를 살고 있다. 한편에는 인간 활동이 지구 전체 환경을 변화시킨 결과로 나타난 새로운 지질 시대인 인류세(Anthropocene)가 있다. 산업혁명 이후 인간은 화석 연료 사용, 대규모 농업, 도시화 등으로 광범위한 지구 변화를 초래했다. 이러한 기술적 개입의 결과로 나타난 기후 변화, 생태계 붕괴, 해수면 상승 등의 현상은 복잡한 피드백 고리(complex feedback loops)를 통해 상호작용하면서 예측 불가능한 임계점들을 만들어 낸다. 클라이브 해밀턴(Clive Hamilton)은 인류세를 인간이 예측하지 못한 지구 시스템의 반응에 직면하게 되는 시대라고 해석한다. 그의 표현대로라면 인간의 기대에 순응하지 않는 "불복종하는 지구(a disobedient planet)"이자 "반항하는 지구(defiant Earth)"가 되어 인간의 생존 기반 자체를 위협하고 있다(Hamilton, 2017/2018).

다른 한편으로는 AI 기술의 급속한 발전이 새로운 위기를 가져왔다. 인간의 지능을 모방한 기계가 나타나 인간만의 고유 영역이라 여겨졌던 창작, 사고, 노동, 의미 생성 과정에까지 개입하면서 이제 직업 대체는 물론 인간성에 대한 기본적인 전제들까지 흔들고 있다.

이 두 위기가 만나는 지점에서 인간이 모든 것의 중심이라는 믿음에 근본적인 의문이 제기된다. 자연은 더 이상 예측이나 통제 가능한 대상이 아니며, 기술은 인간의 완전한 지배를 점점 벗어나고 있다.

관계적 접근의 필요성

이러한 위기 상황은 인간-기술-자연을 분리된 독립체로 보는 근대적 사고방식의 한계를 드러낸다. 브루노 라투르가 지적했듯이, 근대를 거치며 한쪽에 문화/사회/인간, 다른 쪽에 자연/사물/비인간을 놓는 위대한 분할(Great Divide)이 진행되었다(Latour, 1993/2009). 하지만 실제 세계에서는 이런 깔끔한 분리가 존재하지 않는다. 라투르는 사회를 고정된 구조나 제도가 아니라 인간과 비인간 행위자들이 얽혀 형성하는 연합(associations)으로 파악해야 한다고 제안한다. 행위자-네트워크 이론(ANT)의 핵심 원칙 중 하나는 '일반화된 대칭성(generalized symmetry)'으로, 이는 인간과 비인간 행위자 모두를 동등한 분석 단위로 취급한다(Callon, 1986).

전통 사회학에서는 인간만이 진정한 행위자로 간주되고, 기술과 자연은 수동적 도구나 배경으로 여겨졌다. 하지만 ANT의 핵심 개념인 행위자(actor)는 인간과 비인간을 모두 포괄한다. ANT는 기술적 장치, 동물, 자연 환경 등 비인간 행위자들도 네트워크의 형성과 변화에 참여하며 행위 능력(agency)을 발휘한다고 본다. 중요한 것은 이들이 단독으로 행위하는 것이 아니라 네트워크 속에서 서로를 통해 행위한다는 점이다.

기후 변화든 AI 발전이든, 모든 현상들은 인간과 비인간 행위자들이 복잡하게 얽혀 만들어 낸 결과다. 따라서 우리에게는 인간, 기술, 자연을 분리된 객체가 아닌 상호작용하는 행위자들로 바라보는 관점의 전환이 필요하다.

새로운 관계 맺기의 실험들

앞서 5~7장에서 살펴본 세 작품은 바로 이러한 관계적 접근의 구체적인 가능성을 보여 준다. 각 작품이 제시하는 접근 방식을 통해 우리는 인간과 자연 사이의 새로운 관계 맺기를 세 가지 차원에서 이해할 수 있다.

발견의 차원

〈헤일로〉는 보이지 않던 연결을 드러낸다. 태양-구름-바람-거울-미스트 등이 만들어 내는 복잡한 상호작용이 빛의 고리라는 현상으로 나타날 때, 우리는 서로 다른 존재들이 동시에 세계를 구성하고 있다는 사실을 감각적으로 마주하게 된다. 이 작품은 인간과 자연, 그리고 기술이 위계 없이 행위 능력을 발휘하며 서로에게 의존하는 관계망을 가시화한다.

번역의 차원

〈폴리네이터 패스메이커〉는 꽃가루받이 곤충과의 공생에 집중한다. AI 알고리즘은 곤충의 감각 세계와 필요를 인간이 이해할 수 있는 형태로 번역하고, 인간은 자신의 미적 취향을 양보하고 곤충의 필요에 따라 공간을 조성함으로써 상호 돌봄에 기반한 새로운 형태의 공생 관계가 완성된다. 이는 해러웨이가 말하는 생물학적 혈연을 넘어선 새로운 친족 관계의 가능성을 보여 주는 실천이다(Haraway, 2016).

협력의 차원

〈실크 파빌리온 Ⅱ〉는 인간과 다른 생명체 간의 윤리적 협력이 어떻게 가능한지 보여 준다. 누에의 행동을 강제하지 않고 그들의 본성을 존중하면서도 함께 새로운 창조물을 만들어 가는 과정에서, 우리는 착취가 아닌 상호 이익에 기반한 관계의 가능성을 발견한다.

관계적 존재로서의 인간

이 작품들은 인간이 세계의 절대적 중심이 아니라 복잡한 인간-기술-자연 네트워크의 일부라는 새로운 인식을 보여 준다. 여기서 인간에게 요구되는 것은 다른 존재들의 호출에 응답하고, 그들과 함께 책임을 나누며, 상호의존적 관계 속에서 문제를 함께 다루는 "응답-능력(response-ability)"이다(Haraway, 2016/2021).

이 관점에서 인간은 문제를 일방적으로 해결하는 주체가 아니라 문제들과 함께 살아가며 적응해가는 존재가 된다. 해러웨이가 《트러블과 함께하기(Staying with the Trouble)》에서 강조한 것처럼, 우리는 곤란하고 복잡한 문제들을 단번에 해결하려 하기보다는 그것들과 함께 머물면서 새로운 관계와 가능성을 모색해야 한다.

하지만 이런 접근에도 한계가 있다. 우리는 여전히 인간의 관점에서 세상을 해석할 수밖에 없고, 아무리 정교한 AI 기술을 동원해도 다른 존재들의 경험을 완전히 이해할 수는 없다. 중요한 것은 이런 한계를 겸허히 인정하면서도, 다른 존재들의 관점을 상상하고 존중하려는 노력을 지속하는 것이다.

새로운 자리 찾기

결국 우리가 필요로 하는 것은 새로운 형태의 주체성이다. 전통적인 근대적 주체 – 자율적이고 이성적이며 자연과 기술을 통제하는 존재 – 는 더 이상 유효하지 않다. 대신 필요한 것은 다른 존재들과의 관계성을 인정하고, 상호 의존적 네트워크 속에서 책임을 조율하는 새로운 주체성이다.

인간은 여전히 인간-기술-자연 네트워크에서 특정한 역할을 담당한다. 이제 그 역할은 일방적 통제가 아니라 다른 행위자들과의 조율이다. 인간은 언어와 문화를 통해 다른 존재들의 목소리를 증폭시키고, 서로 다른 관점들을 매개하며, 공동의 미래를 상상하고 기획하는 고유한 역할을 맡는다. 앞서 세 작품이 보여 준 것처럼, 인간은 알고리즘을 설계하고, 곤충의 필요를 정원 디자인에 반영하며, 누에의 행동 패턴을 존중하는 방식으로 이 조율자의 역할을 수행한다.

우리는 더 이상 자연과 기술의 지배자가 아니다. AI 시대에 우리의 역할은 이 복잡한 네트워크 속에서 다른 존재들과 함께 살아갈 수 있는 조건을 만들고, 윤리적 방향을 제시하며, 지속가능한 관계를 설계하는 데 있다. 인간-기술-자연의 관계 재구성은 선택이 아닌 생존의 조건이다.

AI의 가속적 발전과 자연의 불확실성이 동시에 드러나는 현 시점에서, 우리의 과제는 기술을 더 발전시키는 것이 아니라 관계를 더 잘 설계하는 법을 고민하는 일이다.

세 작품이 보여 준 발견과 번역, 협력의 가능성을 현실로 만드는 일은 이제 우리 모두의 몫이다. 새로운 실천의 여정이 시작되어야 할 때다.

참고문헌

Callon, M.(1986). Some elements of a sociology of translation: Domestication of the scallops and the fishermen of St Brieuc Bay. In Law, J.(ed.). *Power, action and belief: A new sociology of knowledge?*, pp.196~233. Routledge & Kegan Paul.

Hamilton, C.(2017). *Defiant Earth: The Fate of Humans in the Anthropocene.* 정서진 옮김(2018). 《인류세》. 이상북스.

Haraway, D. J.(2016). *Staying with the Trouble: Making Kin in the Chthulucene.* 최유미 옮김(2021). 《트러블과 함께하기: 자식이 아니라 친척을 만들자》. 마농지.

Latour, B.(1993). *We Have Never Been Modern.* 홍철기 옮김(2009). 《우리는 결코 근대인이었던 적이 없다》. 갈무리.

Latour, B.(2005). *Reassembling the Social: An Introduction to Actor-Network-Theory.* Oxford University Press.

박계연

수원대학교 문화예술융합대학 디지털콘텐츠 전공 교수다. 고려대학교 영어영문학과와 신문방송학과를 졸업했다. 영국 런던시티대학교(City University London)에서 문화 행정 및 경영(Cultural Policy & Management) 석사학위를, 고려대학교 영상문화학협동과정에서 박사학위를 받았다. 광주시립미술관 국제홍보담당(2012~2013), 문화체육관광부의 아시아문화중심도시추진단 및 국립아시아문화전당(Asia Culture Center)의 콘텐츠 총괄 전문위원(2013~2021)을 거쳤다. 고려대학교, 성신여자대학교, 동아방송예술대학교에서 미디어이론 및 현대미술이론을 강의했고 다수의 전시기획에도 참여했다. 신유물론적 접근과 기호학적 접근을 토대로, 기술 변화가 문화예술 정책·제도나 동시대 작품 속에서 어떻게 의미를 생성하고 재구성하는지 탐구하는 데 주된 관심을 두고 있다.